Walter Kawerau / UNTER DEM FEIGENBAUM

WALTER KAWERAU

Unter dem Feigenbaum

Jesus erzählt aus seiner Kindheit

DREI EICHEN VERLAG MÜNCHEN 60

ISBN 3-7699-0384-6

Verlagsnummer 384

2. Auflage, 4.–7. Tausend, 1982

Gesamtherstellung: Isar-Post, Landshut

Gewidmet denen,
die vom Inneren Licht
wissen

DAS PROBLEM

Das Problem ist, wie weit wir aus der Erforschung der Evangelien *die Religion Jesu* erkennen können.

Das übliche Bild der kirchlichen Tradition zeigt uns den Weltheiland, der nach allen Menschen die Hände ausstreckt, um sie von der Verdammnis zu erretten.

Matth. 13 zeigt uns ein ganz anderes Bild: Auf die Frage der Jünger, warum er in Gleichnissen rede, antwortet Jesus: Vers 11: „Euch ist es gegeben, daß ihr das Geheimnis der Welt Gottes[1]) vernehmet; *diesen aber ist es nicht gegeben.*

Denn wer das Organ für das Religiöse hat, dem wird gegeben, daß er die Fülle habe; wer aber das Organ nicht hat, von dem wird auch genommen, das er hat.

Darum rede ich zu ihnen durch Gleichnisse. Denn mit sehenden Augen sehen sie nicht und mit hörenden Ohren hören sie nicht, denn

sie verstehen es nicht."

Und nun nennt Jesus das Organ für die religiöse Welt Gottes

Sehen

und preist die Jünger:

„Selig sind eure Augen, daß sie sehen."

Und im Gegensatz zu den „sehenden" Jüngern nennt Jesus die Pharisäer „blind" und sagt von ihnen (Joh. 9, 41): würden sie zugeben, daß sie blind sind, so hätten sie keine Sünde. Nun sie aber sprechen: wir sind sehend, bleibt ihre Sünde.

Die Kirche hat auf Grund dieser Worte im Anschluß an den Evangelisten, der hier ein Wort des Jesajas als Bestä-

---

[1]) Vgl. Luc. 17, 21.

tigung anführt, die

Lehre von der Verstockung

aufgestellt, wodurch sie das Grundprinzip ihrer Heilslehre völlig in Frage stellt.

Nach Jesu Worten handelt es sich nicht um eine „Verstockung". Religiosität ist eine Veranlagung, eine Fähigkeit, die nur der höher entwickelte Mensch besitzt. Darum sucht sich Jesus aus der Masse des Volkes solche Männer als Schüler aus, bei denen er diese religiöse Veranlagung findet.

Wir können sie vergleichen mit der musikalischen Begabung der Menschen. Nur ein Teil der Menschen hat wirklich eine ausgesprochene Befähigung für das Verständnis der musikalischen Seelensprache. Ein Lehrer der Musik wird daher erst seine Schüler auf ihr musikalisches Gehör hin prüfen, ehe er sie als Schüler annimmt.

Dasselbe tut Jesus. Die Wissenschaft unterscheidet daher bei Jesus einen *esoterischen* Unterricht, den er dem kleinen Kreis der für die Welt der Religion erschlossenen Männer erteilte, und den *exoterischen* Unterricht, den er dem Volke gibt. Was ist nun der Inhalt der *esoterischen* Lehre Jesu gewesen?

Wir ständen heute ratlos dieser Frage gegenüber, wenn uns nicht das Grundthema dieser Unterweisung von einem Schüler Jesu, nämlich von dem Apostel Johannes mitgeteilt wäre.

Um das bedeutsame Wort richtig einschätzen zu können, beantworte man zunächst die Frage: Was ist der Inhalt der Verkündigung Jesu, wie sie sich in der exoterischen Lehre der drei ersten Evangelien darstellt? Man wird etwa antworten: Die Lehre von dem Reiche Gottes, oder: die Lehre von der Vaterliebe Gottes gegen alle Menschen. Aber niemand wird auf den Gedanken kommen, das anzugeben, was Johannes als Inhalt der Verkündigung Jesu nennt:

1. Joh. 1, 5: Das ist die Verkündigung, die wir von ihm gehört haben – (nämlich im esoterischen Unterricht) – und

euch nun verkündigen, daß *Gott Licht ist, und in ihm ist keine Finsternis.*"

Jesu Lehre war eine Lichtlehre.

Wohlgemerkt: er lehrte nicht, daß Gott eine Person sei und daß diese Person Licht sei, sondern er lehrte eine Seins-Lehre von Gott.

Die Kirche hat aus der exoterischen Lehre den Begriff „Person" herausgelöst und ihn zum Dogma erhoben. Jesus hat den durch die jüdische Lehre von einem schrecklichen und unberechenbaren Gott Jahve Zebaoth vollständig verängstigten Eingeborenen die Angst vor Gott nehmen wollen, indem er ihnen Gott unter der Modellvorstellung eines irdischen Vaters dargestellt hat, der seine Kinder lieb hat.

Jesus hat aber die Liebe Gottes auch unter der Modellvorstellung der *Sonne* dargestellt, wenn er sagt:

Matth. 5, 45: „Er läßt seine Sonne aufgehen über die Bösen und über die Guten." Damit entkleidet er die Liebe jeder menschlichen, auch väterlichen Willkür, die doch auch abhängig ist von Gefühlen der Sympathie und Antipathie; Gottes Liebe ist nicht abhängig von einem „Echo", von irgend einem Werturteil. Wir sagen wohl von einem Menschen: „Er ist nicht wert, daß ihn die Sonne bescheint." Aber das ist eben unsere unvollkommene Liebe, wie Jesus ausdrücklich sagt. Die vollkommene Liebe ist unabhängig von dem moralischen Wert eines Menschen, wie die Sonnenstrahlen in gleicher Weise Böse und Gute beglücken.

Trotz dieser deutlichen Korrektur der Modellvorstellung eines Vaters durch die der Sonne, hat die Kirche den völlig inhaltlosen Begriff „Person" zum Dogma erhoben und dadurch Gott die Unendlichkeit und Allgegenwart genommen. Eine „Person" kann nur im Raume gedacht werden, in einer räumlichen Begrenzung und an einem bestimmten Ort. Dadurch hat die Kirche einen der Lehre Jesu völlig fremden Gott geschaffen, nämlich den raumfernen Gott, von dem das christliche Gemeindegebet sagt: „der du bist im Himmel", und hat dann zwischen dem raumfernen Gott und den Menschen einen Mittler eingeschoben, um eine Verbindung mit diesem fernen Gott herzustellen.

Jesus hat nie gelehrt, daß Gott eine Person sei, sondern daß

er Licht ist.

Dieser Begriff paßt genau zu der Unterscheidung, die Jesus durchführt, wenn er von „sehenden" und von „blinden" Menschen redet.

Wer blind ist, kann das Licht nicht sehen, er ist unfähig dazu, auch wenn er ganz und gar im Lichte steht. Er kann die Sonnenstrahlen als Wärme empfinden und dadurch erkennen, ob die Sonne scheint oder nicht. Aber nur der Sehende nimmt überall das Licht wahr, geht sicher auch schwierige Wege, während der Blinde nur mühsam tastend oder mit dem Stocke fühlend sich fortbewegen kann.

Es ist ohne weiteres verständlich, daß für diesen Grundbegriff des Sehens Jesus das *Auge* als Bild gebrauchen mußte. Dies hat er auch getan, und es ist uns sogar ein wundervolles Wort seiner Lichtlehre in dem ersten und dritten Evangelium erhalten. Aber in was für einem Zustand! Es ist so entstellt und verstümmelt, daß es in der vorliegenden Fassung sinnlos ist und von der wissenschaftlichen Auslegung zur Seite gelegt wird. Die Evangelisten waren „blind" und begriffen nicht, daß Jesus nicht von dem *leiblichen* Auge geredet hat, sondern von dem Seelenauge. Es handelt sich um das Wort Luc. 11, 34–36 = Matth. 6, 22–23.

Daß es sich in dem vorliegenden Worte um ein religiöses Wort handelt, zeigt der mittlere Vers: „Schaue darauf, daß das Licht, das in dir ist, nicht Finsternis sei."

Das Lukas-Wort muß übersetzt werden:

„Das Seelenauge ist der Seele Licht.

Wenn dies Auge sehend ist, so wird deine Seele licht sein;

wenn aber dein Seelenauge blind ist, so wird deine Seele im Dunkeln sein.

Darum schaue darauf, daß nicht das Licht in dir Finsternis sei.

Wenn aber dein Inneres ganz Licht ist, so daß kein Schatten von Finsternis in ihm ist, so wird auch dein Leib licht sein, als wenn ein Blitz ihn mit hellem Licht erleuchtet."

(In diesem letzten Satz sind auch die Worte „Blitz" und „Licht" sinnwidrig vertauscht.)

Dies ist das einzige größere Wort aus der Lichtlehre Jesu, das uns im Lukas-Evangelium erhalten ist.

Das Matthäus-Evangelium hat noch das Wort Matth. 5, 14: „Ihr seid das Licht der Welt."

Das ist aber auch alles, was die „blinden" Evangelisten uns von der esoterischen Lichtlehre überliefert haben.

Um dies notwendige, aber erschütternde Ergebnis zu verstehen, mache man sich klar, wie unmöglich es ist, Blinden das Wesen des Lichtes und der Farben deutlich zu machen.

Man kann sie allenfalls die Lehrsätze eines physikalischen Buches auswendig lernen lassen, die Lehre von dem Spektrum und den Farben. Aber was werden Blinde davon begreifen? Man kann das Licht und die Entstehung der Farben vergleichen mit den Tönen. Wie die Töne durch Schwingungen der Luft entstehen, so entstehen die Farben durch Schwingungen des „Äthers". Wie die hellen Töne kurze Schwingungen haben, so haben auch die hellen Farben kurze Schwingungen, und wie die dunklen Töne lange Schwingungen haben, so haben auch die dunklen Farben lange Schwingungen. Aber was ist damit erreicht, daß nun die Blinden sich die Farben als Töne vorstellen?

Man kann keinem Blinden das Wesen des Lichtes klar machen, und man kann, wie Jesus sagt, keinem Gottblinden das Wesen Gottes als Licht klar machen. Es gibt nur einen Weg dazu, daß der Blinde sehend wird.

Das ist das Geheimnis der Wiedergeburt, die Jesus als Grundforderung für die Religion aufgestellt hat:

Joh. 3, 3: „Es sei denn, daß jemand von neuem geboren werde, kann er das Reich Gottes nicht *sehen*."

(Man beachte das Wort „sehen", aus der Lichtlehre Jesu.)

Die Kirche hat wohl auch, irgendwo in ihrer Dogmatik, eine Lehre von der Wiedergeburt, aber nicht zentral, als Ausgangspunkt für eine Lichtlehre.

So stehen wir vor der erschütternden Tatsache, daß *die Botschaft der drei ersten Evangelien uns nichts von der Religion Jesu und seinem Lichterlebnis enthüllt, das Jesus nach der Taufe bei Johannes dem Täufer und bei seiner Verklärung gehabt hat.*

Wer aus diesen Evangelien sich ein Bild der Religion Jesu zu machen versucht, behält nur das Bild eines Moralpredigers, der eine höhere Ethik verkündete, als die der Juden.

Ethik ist für den religiös Blinden der Versuch, sich durch Tasten und Fühlen in der Welt zurecht zu finden, die der Sehende mit seinen Augen beherrscht.

Der Apostel Johannes war ein junger Mensch von etwa 18 Jahren, als er von Jesus als Schüler aufgenommen wurde.

Das Erlebnis des Andersseins Jesu hat ihn durch fast 50 Jahre hindurch beschäftigt. Er hat außerhalb Palästinas sich mit griechischer Philosophie, vor allem der Lehre Platos und Plotins beschäftigt, und an sie anknüpfend Jesus als den Logos dargestellt in seiner genialen Schöpfung, unserm Johannes-Evangelium. Hier hat er auch wichtige Gedanken der Lichtlehre Jesu festgehalten. Ich nenne nur: Erstens, er statuiert die Identität der religiösen Wesenheiten Leben und Licht, indem er am Anfang seines Evangeliums schreibt:

„In ihm war das Leben, und das Leben war das Licht der Menschen." Zweitens, er hat die Lehre von der Gottessohnschaft aller Menschen aus der Lichtlehre begründet, indem er schreibt:

Joh. 12, 36: „Glaubet an das Licht, auf daß ihr des Lichtes Söhne seid."

Wie anders Johannes das Wesen der Gottessohnschaft faßt als Paulus, erkennt man besonders aus Joh. 10, 34, wo Jesus ausführt:

Alle Menschen sind Götter und Söhne des Höchsten. (Psalm 82, 6)

Wie kann es dann eine Gotteslästerung sein, wenn auch ich sage: ich bin ein Sohn Gottes. –

Johannes hat in selbständiger Weise ein metaphysisches Evangelium geschaffen, in dem er sein Bekenntnis zu einem

metaphysischen Christus

ausspricht.

Alle Worte des Johannes-Evangeliums sind Schöpfungen des Verfassers. Wer ein Gefühl für Stil hat, wird die Worte des Johannes-Evangeliums sofort von Worten der anderen Evangelien unterscheiden.

Der geschichtliche Jesus hat nie von sich selbst gesprochen. Er wies jede Verehrung zurück. Als ein junger Mann vor ihm niederkniete und sagte: „Guter Meister" (Marc. 10, 17), fährt Jesus ihn an: „Was heißest du *mich* gut? Niemand ist gut denn der einige Gott."

Wie anders spricht der metaphysische Christus im Johannes-Evangelium! Immer wieder hören wir das Göttliche „Ich":

Ich bin der Weg, die Wahrheit und das Leben,
Ich bin das Brot des Lebens,
Ich bin der Weinstock, ihr seid die Reben,
Ich bin die Auferstehung und das Leben.

Alle diese Worte sind Bekenntnisse, sind Zeugnisse von

dem, was dem Johannes im Laufe eines Lebens von 50 Jahren Jesus geworden war.

Auch die theologische Wissenschaft erklärt heute, daß wir in den ersten drei Evangelien keine streng geschichtliche Überlieferung haben, sondern „kerygma", Glaubenszeugnisse, niedergeschrieben zur Verlesung in den Gottesdiensten.

So bleibt uns heute auch nur der Weg, aus eigenem religiösen Erleben und aus den kritischen Untersuchungen der Evangelien die Religion Jesu und seine Lichtlehre selbständig zu erfassen und schöpferisch nachzugestalten.

Es gibt nur ein Schriftprinzip, und das heißt: „Sehen". Nur wer aus eigener Erfahrung von dem Lichte weiß, in dem Jesus lebte, kann in dem bunten Gemisch der überlieferten Worte Jesu die echten Worte von den unechten unterscheiden. Die Religion Jesu ist die Religion des inneren Lichtes. Das ist die Substanz des echten Christentums.

I. TEIL

Ich wurde in Nazareth geboren als jüngstes Kind des Baumeisters Joseph und seiner Ehefrau Maria.

Als Kind sah ich mit großer Ehrfurcht empor zu meinen Eltern. Schon früh erzählte mir die Mutter die Geschichten aus der jüdischen Bibel, und der Vater hielt darauf, daß ich Psalmen auswendig lernen mußte. Sehr liebte ich den Psalm „Der Herr ist mein Hirte". Doch die meisten Psalmen sprachen nicht zu meinem Herzen, sie blieben mir fremd. Meine Mutter verstand mich am besten und wählte nur Psalmen, die ich gern hörte. Oder sie lehrte mich kurze Bitten aus den Psalmen, wenn wir im Garten zusammen arbeiteten. Schon früh mußte ich ihr beim Jäten des Unkrauts helfen. Ich half die Beete zurecht machen, wenn sie Linsen legte oder Minze, Dill, Senf oder Kümmel säte.

Wir hatten viele Feigenbäume im Garten, unter denen ich spielte. Aber am liebsten streifte ich im Ort herum, sah den Leuten zu und ging mit ihnen auf den Acker. Ich stieg auf die Höhen von Nazareth und fand dort an einsamer Stelle einen wilden Feigenbaum, bei dem ein glatter Stein lag, wie geschaffen zum Sitzen. Hier war ich ganz allein, hier störte mich niemand, dieser Platz gehörte mir.

Hier saß ich oft und schaute das Lichtkleid Gottes.

Als ich einmal zu Hause gefragt wurde, was ich da oben mache, antwortete ich: „Ich schaue". Da verlachten sie mich, und mein Bruder Judas [1] nannte mich Joseph, den Träumer.

---

[1] Vgl. Matth. 13, 55–56: „Ist er nicht eines Baumeisters Sohn? Heißt nicht seine Mutter Maria und seine Brüder Jacob und Joses und Simon und Judas? Und seine Schwestern, sind sie nicht alle bei uns?"

Da flüchtete ich zu meinem Feigenbaum. Ich dachte: „Sehen sie denn nicht das feine, unkörperliche Licht, das um alle Dinge leuchtet?" Ich schaute nach den Gräsern, wie sie in stillem Leuchten standen, jede Blume hatte ein anderes Lichtgewand. Nein, es war nicht ihr Gewand, es war ihre Seele. Denn ich sah, wie diese Seelen lebten in fortwährender Bewegung, wie sie sich wandelten, wie auch die Farben ihrer Seelen sich veränderten. Ich sah jedes Tier in seinem Licht, besonders die kleinen Vögel liebte ich, deren Seelen in ganz anderer Bewegung waren, als die der Pflanzen, auch viel reicher und schöner in den Farben als sie. Besonders gefiel mir eine Wildtaube, die immer wieder auf den Feigenbaum kam, wenn ich dort saß. Sie flog auf meine Schulter und ließ sich streicheln. Ihre Lichtfarben waren von seltener Schönheit. Sahen denn meine Eltern und Brüder nichts davon? Aber sie mußten doch sehen, daß auch sie ihre Lichtseele umgab in wunderbar lebendigen Farben. Bei der Mutter war mehr lichtes Blau und Sonnengold als beim Vater, die Mutter hatte in der Lichtseele auch ein starkes Rot, was der Vater nicht hatte. Sie mußten doch das alles sehen.

Aber ich wagte nicht mehr davon zu sprechen.

Einmal kam ein alter Mann zu uns, der Töpfer Phidias, der uns einen großen Krug brachte, den die Mutter bei ihm bestellt hatte. Ich staunte, denn eine so schöne Lichtseele wie die des Töpfers hatte ich noch nie gesehen: sie war nur lichtes Blau und Sonnengold.

Ich sagte das der Mutter. Sie schüttelte den Kopf und sagte: „Wo siehst du lichtes Blau und Sonnengold an diesem Mann?"

Ich zeigte mit den Armen: „Nun, oben über dem Haupt und dann rings herum, so weit die Hände reichen und auch bis etwas unter die Füße. Alles ist Licht." [1]

---

[1] Jeder Mensch hat eine farbige Lichtausstrahlung, die ihn

Die Mutter schaute mich nachdenklich an. „Judas hat doch recht. Du bist Joseph, der Träumer!" sagte sie.

Da war ich traurig, denn nun merkte ich, daß sie alle mit sehenden Augen nichts sahen von der Schönheit und der Farbenfülle des unkörperlichen Lichtes, das alle Dinge erfüllte.

Als ich wieder bei meinem Feigenbaum war und ganz im Schauen mich verlor, so daß ich an nichts anderes mehr dachte, da war es mir, als wenn die ganze Erde durchsichtig wäre. Sie war ganz erfüllt von einem feinen, hellen Licht.

Als ich wieder zu mir selbst kam und darüber nachdachte, wünschte ich mir, später auch einmal in der Synagoge reden zu dürfen, wie es hie und da der Vater tat. Ich würde dann über das Wort des Psalmisten sprechen „Licht ist das Kleid, das du anhast." Ich sagte das dem Vater, daß ich über dies Wort später in der Synagoge sprechen möchte. ‚Gott ist Licht', das sei mir das schönste Wort.

Der Vater sah mich sehr ernst an. Dann sagte er: „Der Höchste, dessen Namen wir nicht aus Furcht vor ihm auszusprechen wagen, ist ein brennendes Licht, ein verzehrendes Feuer, das alle Gottlosen vernichten wird."

Ich erschrak und schauderte. Aber ich schwieg. Von da ab wagte ich nicht mehr, das zu erzählen, was ich dachte und fühlte.

Als ich oben wieder unter dem Feigenbaum saß und wieder schaute und alles Stille um mich war und stilles Leuchten, da schauderte ich noch einmal zusammen, als ich an des Vaters Wort dachte. Ich begann, mich vor dem Glauben

---

wie eine lichte Wolke umgibt. Man nennt diese die *Aura* des Menschen. Auch alle übrigen Lebewesen haben Lichtausstrahlungen, selbst Stein, und besonders Edelsteine, diese nennt man *Odstrahlen.* Aber nur sehr wenige Menschen haben die Fähigkeit, diese Ausstrahlungen zu sehen. Am bekanntesten für diese Gabe ist Frau Helena Petrowna Blavatzkaja, die Begründerin der Theosophie.

meiner Eltern zu fürchten. Es war so schrecklich zu glauben, daß Gott brennendes Feuer sei, statt zu glauben, daß er Licht ist. Es dauerte lange, bis meine Seele wieder ganz stille wurde. Ich blieb, bis die Sonne untergegangen war, denn das Licht, das alle Dinge umgab, leuchtete noch stärker in der Nacht. Dann stand ich auf und ging nach Hause. Immer wieder sagte ich: ‚Gott ist Licht'! Und ich fühlte, daß mir diesen Glauben niemand nehmen konnte, daß er mein ganzes Leben füllen und tragen würde.

Die Mutter hatte sich schon um mich gesorgt, weil ich so spät nach Hause kam. Aber als sie mein glückliches Gesicht sah, sagte sie nur leise: „Der Träumer".

Am nächsten Tage ging ich noch vor Sonnenaufgang wieder zu meinem Feigenbaum. Es gab für mich nichts Schöneres als der frühe Morgen, wenn der Tag so voll Licht und Verheißung vor mir lag und die Stille noch nicht durch den Lärm entweiht wurde, den die Menschen machten.

Als ich auf meinem Stein in stillem Schauen saß, kroch vor mir unter einem Steine eine Schlange hervor. Sie freute sich auch auf die Sonne. Auch ihre Lichtseele leuchtete in geheimnisvollen, dunklen Farben. Die Brüder sagten, die Schlange wäre ein böses Tier. Ich sah nichts Böses an ihr. Sie hatte Hunger wie die anderen Tiere. War der Hunger etwas Böses? Sie kam näher und ringelte sich zusammen. So warteten wir beide auf die Sonne.

Als die Sonne aufging, verlor ich mich ganz in ihrem Anschauen. Sie war das Licht der Welt und sandte ihre Strahlen über alle Dinge, um sie zu vergolden, über die Steine und über die Blumen, über die Vögel, die ich singen hörte, und über die Schlange zu meinen Füßen.

Und je mehr ich darüber nachsann, um so mehr wurde mir die Sonne zum Bilde Gottes. Auch Gott machte keinen Unterschied. Wie die Sonne nur Liebe war und alles mit ihrem Licht umfaßte, so umfaßte Gottes Liebe alle Menschen, die bösen wie die guten. [1])

Und wie alles um mich her in der Sonne aufglühte und zugleich von dem unkörperlichen Licht von innen erhellt wurde, so wußte ich: alle Wesen sind Lichtstrahlen Gottes, denn alle Menschen, alle Blumen, alle Tiere, ja selbst die Steine sah ich von innen erhellt.

Noch nie hatte ich eine so schöne Morgenstunde erlebt. Meine Seele jubelte: „Licht ist dein Kleid, das du anhast."

Dann ging ich hinab und sang vor mich hin das Lied, das mich die Mutter gelehrt hatte: „Ich hebe meine Augen auf zu den Bergen. Woher kommt mir Hilfe? Meine Hilfe kommt von dem Herrn, der Himmel und Erde gemacht hat."

Als ich daheim war, fragte mich der Vater, was mich so glücklich mache. Ich sagte: „Weil Gott alles lieb hat und es keine bösen Tiere und keine bösen Menschen gibt."

Der Vater sagte: „Ja, wir können glücklich sein, daß wir zu den Juden gehören, denn sie sind das auserwählte Volk Gottes, sie sind die Nachkommen Abrahams, denen verheißen ist, daß sie sein werden wie der Sand am Meer, und daß sie herrschen werden über die ganze Erde. Aber noch ist die Stunde nicht da, noch ist der Messias nicht gekommen, der uns verheißen ist. Der wird uns von den Römern befreien und das Gericht über die Heiden halten.

Hier mischten sich die Brüder in das Gespräch. Jacob sagte: „Was hat Israel von den Heiden alles erleiden müssen, von den Babyloniern, den Persern und den Römern. Immer wieder muß ich an das Wort des Psalms denken, den unsere Väter in Babylon gedichtet haben: „Wohl dem, der dir Babel vergilt, wie du an uns getan hast; wohl dem, der deine kleinen Kinder nimmt und zerschmettert ihren

[1]) Matth. 5, 45.

Kopf an einem Stein. Es muß endlich der Messias die Stunde der Vergeltung bringen."

Dies Wort verschlug mir den Atem. Ich fragte voll Angst: „Was wird der Messias tun, wenn er kommt?"

Da nahm mein Bruder Judas, der immer sehr rasch war, einen irdenen Topf und warf ihn mit solcher Wucht auf den Boden, daß er in lauter Splitter zerbrach. Der Vater rief: „Was soll das, Judas?" Der erwiderte: „Das steht doch im messianischen Psalm: ‚Du sollst sie wie Töpfe zerschmeißen.' Das wird der Messias tun, wenn er kommt. Und wie gründlich das geschehen wird, das hat uns der Prophet Jesaja gesagt. Ich habe die Worte auswendig gelernt:

(Jes. 34) „Der Herr ist zornig über alle Heiden und grimmig über all ihre Heere. Er wird sie mit dem Bann schlagen und sie abschlachten lassen. Ihre Erschlagenen werden hingeworfen werden auf die Erde, daß der Gestank von ihren Leichen ausgehen wird, und die Berge werden von ihrem Blute triefen."

Und dann braucht der Prophet ein herrliches Bild, für das ich mich immer wieder begeistere, wenn wir bei der Weinernte mit den Füßen die Trauben zertreten. So, sagt der Prophet, wird Gott unsere Feinde zertrampeln, daß ihr Blut sein Gewand bis oben hin besudeln wird (Jes. 63, 2). Wenn ich beim Zertreten der Weintrauben an dies Wort denke, dann kocht mein Blut. Einmal habe ich nackend so kräftig die Trauben getreten, daß mir der Saft bis an den Hals spritzte."

Der Vater rief: „Judas, halt ein, du bist wieder in deinem Racherausch. Gott spricht: „Die Rache ist mein, ich will vergelten!"

Ich hatte nur immer Judas entsetzt angestarrt. Er wurde mir immer unheimlicher. Leise schlich ich mich hinaus. Als ich draußen war, floh ich voll Grauen den Berg hinauf zu meinem Feigenbaum. Ich zitterte an allen Gliedern.

Als ich mich auf meinen Stein gesetzt hatte, brach ich in ein krampfartiges Schluchzen aus. Es stieß mich so, wie ich es noch nie erlebt hatte. Es war zu furchtbar gewesen, was mein Bruder gesagt hatte.

Es dauerte sehr lange, bis ich ruhiger wurde und mein Weinen versiegte. Ich sah mich um, ob irgend etwas mich trösten könnte. Die Schlange war nicht mehr da, die sich am Morgen an der Sonne gefreut hatte. Auch meine Taube vermißte ich, sie wäre längst auf meine Schulter geflogen. Ich mußte allein mit mir fertig werden. Am Tage vorher hatte ich Kinder beobachtet, wie sie Begräbnis spielten. [1] Ein Knabe hatte sich auf den Boden gelegt und wurde mit einer Decke zugedeckt. Dann fingen die Mädchen an zu schreien und rauften sich die Haare. Eine von ihnen nahm zwei Steine und schlug sich damit die Brust.

Aber da stand plötzlich der Knabe auf, warf die Decke fort und sagte: „Ihr braucht nicht mehr zu schreien, ich bin nicht mehr tot, ich bin wieder lebendig."

Ich träumte vor mich hin. Es war mir, als ob ich über die ganze Erde hinwegblickte. Überall sah ich Knaben auf der Erde liegen, mit Decken verhüllt, und überall schrien und weinten die Mädchen. Und plötzlich standen sie alle auf, lachten und sagten: ‚Wir sind ja gar nicht tot, wir leben!'

Und ich sah alle die erschlagenen Feinde am Boden liegen, und plötzlich standen sie alle auf und sagten: ‚Wir sind ja gar nicht tot, wir leben.'

Da mußte ich hell auflachen. Sie waren ja gar nicht tot, wie Judas gesagt hatte, sie waren alle lebendig!

Ich stand auf, und alles war wieder hell um mich. Die Gräser standen in ihrem stillen Licht wie am Morgen, und die Blumen leuchteten in so schönen Farben, daß ich meinte, so schön hätte ich sie noch nie gesehen.

---

[1] Vgl. Matth. 11, 17.

Ich gab mich ganz dem inneren Lichte hin, das mich neu durchströmte. Alles Dunkel, das mich beschattet hatte, war gewichen, und ein tiefes, seliges Glück erfüllte mich.

Als ich wieder zu mir selbst kam, sprang in mir der Gedanke auf: ‚Es gibt gar keinen Tod.' Dieser Gedanke kam so zwingend und mit solcher Klarheit, daß ich ganz in seinem Banne stand. Kann denn das vergehen, was ich jetzt erlebt hatte? Kann denn das Licht sterben? –

Erst spät ging ich nach Hause und war ganz trunken von dem Erleben dieses Abends. Ich ging gleich auf den Söller [1] und legte mich dort zur Ruhe. Fast die ganze Nacht wachte ich im Anblick der Sterne, die ich nicht mehr in der Ferne wußte. Nein, ich wußte, auch sie waren inwendig in mir. –

– – –

Wir hatten 30 Schafe und zwei Ziegen. Die mußten meine Schwestern jeden Morgen früh auf die Weide in die Steppe treiben. Elisabeth war schon 15 Jahre und Martha 13 Jahre alt. Elisabeth mußte auf die Schwester aufpassen, auch auf mich, wenn ich sie begleiten durfte.

Wenn die Schwestern einen geeigneten Platz für die Tiere zum Weiden gefunden hatten, pflückten sie Blumen und machten sich Kränze. Oft mußte ich der Bräutigam sein, wenn sie Hochzeit spielten, dann flochten sie auch für mich einen Kranz, den sie mir aufsetzten.

Ich war traurig, wenn sie die vielen Blumen pflückten, sie hatten doch auch ein Recht zu leben. Aber die Schwestern lachten mich aus und rupften noch mehr aus, als sie brauchten. Da schwieg ich lieber still.

Am liebsten ging ich dann von ihnen fort, um ganz allein zu sein mit allen Blumen und Gräsern. Ein unirdi-

---

[1] Ps. 139, 8.

sches Leuchten strahlte aus ihnen, und ein wunderbarer Friede umgab mich. Einmal fand ich ein Vogelnest in einem Strauch. Ich schaute in das Nest: fünf junge Vögel sperrten die Schnäbel auf. Ich ging behutsam abseits und legte mich möglichst versteckt ins Gras, um die Vögel zu beobachten. Bald flogen auch die Alten hinzu, um die Jungen zu füttern. Ich weiß nicht, wie lange ich dort gelegen haben mochte. Da hörte ich die Schwestern meinen Namen rufen. Als ich aufstand und sie mich sahen, waren sie sehr froh, denn sie hatten sich schon geängstigt. Elisabeth sagte: „Es soll hier auch manchmal Wölfe geben; ich hatte schon solche Angst." Ich zeigte ihnen das Vogelnest, und sie hatten auch große Freude und legten sich mit mir eine ganze Weile ins Gras, um die Vögel zu beobachten.

Ein andermal, als ich auf die Suche nach einem Vogelnest ging und ziemlich weit fortgegangen war, sah ich plötzlich hinter einem Stein einen großen Hund stehen. Er ließ die Zunge weit aus dem Maule hängen. Ich lachte und rief: „Was machst du denn hier?" und ging zu ihm, um ihn zu streicheln. Er stieß mich mit der Schnauze, und ich sagte: „Du bist doch ein lieber Hund?" und klopfte ihm den Hals. Plötzlich hörte ich die Schwestern laut schreien. Ich sah hinüber. Sie jagten die Schafe zurück, und Elisabeth blickte immer wieder angstvoll zu mir herüber.

Ich kniete vor dem Tier nieder und sah ihm in die Augen. Dann sagte ich: „Du bist doch ein gutes Tier und willst nichts Böses? Sieh, wie sie alle Angst haben vor dir! Aber das ist ja Unsinn, du bist ja ein gutes Tier."

Noch eine Weile redete ich so mit dem Wolf – denn jetzt wußte ich, daß es ein Wolf war – und schaute ihm voll Liebe in die Augen. Schließlich sah ich die Schafe kaum noch. Nur Elisabeth war zurückgeblieben und schaute herüber.

Da stand ich auf und sagte zu dem Wolf: „Jetzt gehe fort und ängstige keine Schafe mehr!" Ich wies ihm befehlend mit der Hand den Weg. Der Wolf zögerte. Da sagte ich noch einmal gebieterisch: „Ich befehle dir, gehe fort!" Der Wolf wendete sich, ging einige Schritte und sah sich wieder um. Noch einmal rief ich befehlend: „Geh!" Da trottete er fort.

Als ich zu Elisabeth kam, hatte sie sich ins Gras geworfen und weinte erschütternd. Es dauerte lange, bis sie sich beruhigt hatte und wieder gehen konnte.

Als die Eltern davon erfuhren, erschraken sie sehr. Die Schwestern durften nie mehr in dieser Richtung die Schafe austreiben. Ich selbst durfte nie mehr mitgehen. –

In jedem Sommer erlebten wir Tage großer Aufregung, wenn das Kopfgeld für den römischen Kaiser eingezogen wurde. Es mußte für jede Person ein Denar in römischem Gelde bezahlt werden. [1])

Da die meisten Nazarener keine römischen Münzen hatten, kamen Händler zu gleicher Zeit, die kauften Schafe für den Tempel in Jerusalem und zahlten in Denaren. Weil mehrfach Unruhen gerade in Galiläa entstanden waren, kamen römische Soldaten mit zur Aufrechterhaltung der Ordnung. Ich erinnere mich noch an eine schreckliche Nacht aus den letzten Jahren. Ich war etwa sieben Jahre alt, da hatte Kaiser Augustus ein Gebot erlassen, daß alle Einwohner von Galiläa und Judäa nach ihrem Grundbesitz Steuern entrichten mußten. [2]) Auch der Vater hatte Ackerboden und mußte sehr viel dafür bezahlen, so daß ihm nichts anderes übrig blieb, als mehrere Schafe zu verkaufen.

Die Empörung der Galiläer über diese Schätzung war so groß, daß ein Judas aus Gamala, den man kurz den „Gali-

---

[1]) Vgl. die Szene vom Zinsgroschen Matth. 22, 15.

[2]) Diese „Schätzung" fand nicht im Geburtsjahr Jesu statt, wie der Evangelist Lucas annimmt, sondern erst im Jahre 7 nach Chr.

läer" nannte, junge Leute um sich sammelte, um mit ihnen die Schätzung zu verhindern. In Cana überfielen sie die Soldaten und machten sie und die Steuerbeamten nieder. Als das die Nazarener erfuhren, gingen auch von hier aus mehrere junge Männer nach Cana, um sich der Schar des Judas anzuschließen. Sie wollten Nazareth befreien.

An einem Tage verbot der Vater uns allen, aus dem Hause zu gehen, und während sonst die Türen des Nachts offen blieben, damit die kühle Nachtluft in das Haus eindringen konnte, wurden sie fest verriegelt. Wir lauschten voll Spannung und hörten bald in der Nähe das Schreien von Frauen. Mein Bruder Judas war so erregt, daß er sagte: „Man muß diese Römer niederschlagen wie räudige Hunde!" Dann erklärte er dem Vater, daß er am nächsten Tage auch nach Cana gehen werde. Es entstand eine erregte Aussprache zwischen dem Vater und ihm. Ich weiß nur noch, daß zuletzt der Vater dem Bruder verbot, Nazareth zu verlassen. Wenn er es doch täte, würde er ihn aus der Familie ausstoßen. Er erinnerte ihn an das Wort, das er als Kind bei ihm gelernt hatte: „Ein Auge, das den Vater verspottet und verachtet, der Mutter zu gehorchen, das müssen die Raben am Bach aushacken und die jungen Adler fressen." (Spr. 30, 7).

Judas antwortete kein Wort mehr. Eine beklemmende Stille herrschte. Man hörte nur das Weinen der Mutter und das Schreien von Frauen draußen.

Nach wenigen Tagen hörten wir, daß die Römer die Schar des Galiläers Judas umzingelt hätten, und daß alle niedergemacht worden wären. Cana wurde von den Römern dem Erdboden gleichgemacht. [1] Die Familien derer, die sich aus Nazareth an dem Aufstand beteiligt hatten, konnten zum Teil rechtzeitig entfliehen. Die übrigen wurden auch niedergemacht und ihre Häuser zerstört. –

---

[1] Cana ist vor dem Auftreten Jesu völlig zerstört worden.

Es war einige Zeit später, da brachte ein Bote, der aus Jerusalem kam, die Nachricht, daß die Tochter meines Onkels Nathanel in Bethphage gestorben sei. Die Mutter hing sehr an ihrem Bruder und liebte besonders dies Mädchen, zumal es das einzige Kind des Bruders war.

Die Mutter weinte bitterlich und rief immer wieder: „Die arme Esther, die arme Esther!"

Ich ging zu ihr hin, umarmte sie und sagte: „Du mußt nicht weinen, Mutter, sie ist ja im Licht."

Die Mutter schüttelte den Kopf und weinte noch stärker. Ich schmiegte mich dicht an sie. Dann sagte sie, unter-

---

Die Geschichte von der „Hochzeit zu Cana" (Cana ist Deckwort für Kanaan) ist eine Allegorie.

Das Johannes-Evangelium ist nicht ein geschichtliches Buch in pragmatischem Sinne, es ist „Geschichte" in höherem Sinne. In Kapitel 2 will der Verfasser die Frage beantworten, was Jesus für eine religionsgeschichtliche Bedeutung hat. Er beantwortet dies in zwei Allegorien.

In der Hochzeit (ein von Jesus gern gebrauchtes Bild für das Reich Gottes) zeigt er das Wunder, daß Jesus aus einer Religion äußerer Reinigungsvorschriften (6 steinerne Wasserkrüge für jeden Alltag) eine Religion des Geistes gemacht hat. Der Wein ist in der Antike immer Sinnbild des Geistes.

Sodann sieht der Verfasser in der Austreibung der Opfertiere eine glänzende Allegorie für die Reformation, die Jesus brachte: Er hat aus dem „Tempel" (Sinnbild der Religion) den Opferkultus herausgeworfen und aus ihr eine Religion der Anbetung Gottes im Geist und in der Wahrheit gemacht.

Geschichtlich ist die Austreibung der Opfertiere aus dem Tempel nur am Schluß des Lebens Jesu möglich, wie es die ersten drei pragmatischen Evangelien berichten, denn auf eine solche Tat mußte notwendig die Verhaftung folgen.

In Kapitel 3 wird das Wunder der Verwandlung als „Wiedergeburt durch den Geist" gedeutet, in Kapitel 4 die Reinigung von dem Kultus in dem Gespräch mit der Samariterin ausgeführt: Kein Kultus mehr in Jerusalem oder auf dem Berge Garizim, sondern reine Gottes-Anbetung. –

Unecht ist der in dem großangelegten Satz Joh. 4, 21–24 eingeschobene Vers 22: „Wir Juden wissen, was wir anbeten, denn das Heil kommt von den Juden! Jesus hat nie gesagt: „Wir", geschweige denn, „Wir Juden".

brochen vom Schluchzen: „Wenn wir sterben, kommen wir nicht in das Licht, sondern in die Finsternis, in die Unterwelt, die wir Hölle nennen. Da kommt kein Lichtstrahl der Sonne hinein, da ist man ferne von Gott, der oben im Himmel ist. Das ist das Reich der Schatten. Stehet nicht geschrieben: „Wer wird dir danken in der Hölle?“ [1]

„Nein, Mutter“, sagte ich, „Gott ist auch in der Hölle. Denn es steht in dem Psalm, den du mich gelehrt hast: Führe ich gen Himmel, siehe, so bist du da, bettete ich mich in der Hölle, siehe, so bist du auch da. [2] Gott ist doch überall, und Gott ist Licht, also muß es auch in der Hölle licht sein.“

Die Mutter hörte auf zu weinen, schaute mich lange an und sagte: „Das hat der Rabbi nie gesagt.“

Dann küßte sie mich und schickte mich hinaus.

Ich war lange nicht so glücklich gewesen wie an diesem Tage, weil ich die Mutter hatte trösten können. Ich eilte zu meinem Feigenbaum und blieb dort fast den ganzen Tag. Ich mußte es allen Blumen und allen Gräsern sagen: „Esther ist bei euch, sie ist im Licht.“ –

– – –

Eines Tages, als der Vater mit den Brüdern vom Bau kam, sagte Judas: „Das wird dann alles ganz anders, wenn der Messias kommen wird. Dann werden wir alle reich sein, denn das Erbe der Heiden wird dann allen Juden zugute kommen. Dann brauchen wir nicht mehr zu arbeiten, sondern lassen die Römer für uns arbeiten. Dann machen wir es, wie sie jetzt tun, und stehen nur mit der Peitsche dabei.“

Der Vater sagte: „Wie kommst du darauf?“

---

[1] Psalm 6, 6.
[2] Psalm 139, 8.

Judas antwortete: „Der Prophet Jesaja hat doch verkündet, daß, wenn der Messias kommt, die Tore Jerusalems Tag und Nacht offen stehen werden, weil ein Beutewagen nach dem andern einfahren wird, beladen mit den Schätzen der ganzen Welt. Dann bringen sie auch den Marmor aus Italien und die kostbaren Hölzer aus allen Ländern, und dann bauen wir uns so schöne Häuser, wie sie die Römer sich am See Genezareth haben bauen lassen.

Und dann bauen wir einen goldenen Tempel in Jerusalem, wie es noch keinen Tempel auf Erden gibt. Und die Heiden müssen all ihr Gold und Silber nach Jerusalem bringen. So verkündet es der Prophet Jesaja."

Der Vater schwieg eine ganze Weile. Dann sagte er: „Ja, das wird schön werden. Aber ich werde es wohl nicht mehr erleben."

Ich schwieg und ging hinaus. Ich mußte wieder in meine Stille, um mit diesen Worten fertig zu werden. Und ich brauchte viele Tage dazu. Es war mir alles so fremd, was Judas gesagt hatte, und paßte gar nicht zu dem stillen Leuchten, das mir hier den Frieden gab. Wozu einen goldenen Tempel bauen? Gott war doch hier, er umgab mich bei jedem Schritt. In einem goldenen Tempel, da wäre er nicht näher, sondern ferner. Und wie sollten wir die Römer besiegen, die die ganze Welt besiegt hatten? Und wenn wir sie besiegt hätten, dürften wir doch nicht Gleiches mit Gleichem vergelten. Ich möchte nicht später im Geschäft des Vaters arbeiten, wenn ich mit der Peitsche römische Gefangene zur Arbeit antreiben müßte.

Ich wagte es deshalb in den nächsten Tagen, den Vater zu fragen: „Wie können die Juden das große Römervolk besiegen? Das ist doch gar nicht möglich."

Der Vater sagte: „Du hast recht, niemals könnten wir aus eigener Kraft der Feinde Herr werden, aber es steht ja bei dem Propheten Daniel geschrieben [1], daß der Messias vom Himmel herabkommen wird mit einem himmlischen Heer, um das Gericht über die Heiden abzuhalten. Dann wird das Reich, die Macht und Gewalt unter dem ganzen Himmel dem heiligen Volk des Höchsten gegeben werden.

Gott weiß schon seine Wege und braucht unseren Rat nicht, sein Werk zu vollbringen. Weißt du nicht, wie er einst Israel durch das Rote Meer führte und das ganze Heer der Ägypter ertränkte? Weißt du nicht, wie Gott bei der Eroberung unseres Landes Schwärme von Hornissen sandte, um unsere Feinde kampfunfähig zu machen? Er braucht nur einen Sturm zu senden, und die ganze Flotte der Römer versinkt im Meer. Du hast ja den Psalm des Gottvertrauens gelernt [2]: Gott ist unsre Zuversicht und Stärke. Darum fürchten wir uns nicht, wenngleich das Meer wütete und wallete und von seinem Ungestüm die Berge einfielen. Sage dir diesen Psalm auf, und dein Herz wird wieder froh werden.

Ich folgte dem Rat des Vaters. Ich ging still hinaus zu meinem Feigenbaum und sagte mir den Psalm, den mich die Mutter gelehrt hatte. Er war mir schon immer fremd gewesen, aber heute kostete es mich geradezu Überwindung, wenn ich die Worte sprach: „Die Heiden müssen verzagen und die Königreiche fallen, das Erdreich muß vergehen, wenn er sich hören läßt."

Ich saß wieder still auf meinem Platz und schaute: Alles stand in geheimnisvollem Licht, die Gräser und die Lilien, die jetzt erblüht waren. Welche Stille, welcher Friede! Hier war Gott mir ganz nahe. Aber was war das für ein Gott, der so furchtbar seine Stimme hören ließ, daß die ganze Erde zittert? Ich fand keine Antwort. –

An einem schwülen Tag kamen der Vater und die Brüder sehr zeitig vom Bau. Die Mutter brachte ihnen einen

---

1) Dan. 7, 13 und 27.
2) Psalm 46.

Krug Wein. Der Vater setzte sich dann auf die Bank, die am Hause im Schatten stand, und ich ging zu ihm. Er wischte sich den Schweiß von der Stirne, dann sagte er: „Siehst du dort hinten die schwarzen Wolken?"

Ich bejahte, und dann saßen wir eine ganze Weile schweigend nebeneinander.

Da hörten wir aus der Ferne einen lang anhaltenden Donner. Der Vater sagte: „Hole mir die Schriftrolle mit dem heiligen Psalter."

Ich ging in das Haus, wo die Brüder bei der Mutter saßen. Ich sagte, was mir der Vater befohlen, und Jacobus nahm aus der Nische, aus einem irdenen Tonkrug eine Rolle und gab sie mir.

Als ich sie dem Vater gereicht hatte, suchte er in ihr, bis er den Psalm fand, den er lesen wollte. Er las erst still für sich, dann sprach er laut (Ps. 18, 7 ff.):

> „Da mir angst ward, rief ich den Herrn an und schrie zu meinem Gott; da erhörte er meine Stimme von seinem Tempel, und mein Schreien kam vor ihn zu seinen Ohren.
>
> Die Erde bebete und ward beweget, und die Grundfesten der Berge regeten sich und bebeten, da er zornig war. Dampf ging aus von seiner Nase und verzehrend Feuer aus seinem Munde, daß es davon blitzte. Er neigte den Himmel und fuhr herab, und Dunkel war unter seinen Füßen. Er fuhr auf dem Cherub und flog daher und schwebte auf den Fittichen des Windes. Sein Gezelt um ihn war finster mit schwarzen, dicken Wolken, darin er verborgen war. Vom Glanz vor ihm trenneten sich die Wolken mit Hagel und Blitzen. Er schoß seine Strahlen und zerstreute sie, er ließ sehr blitzen und schreckte sie."

Ein greller Blitz fuhr in der Ferne hernieder, und ein starker Donner folgte.

Der Vater stand auf und sagte: „Der Herr kommt im Wetter. Wir wollen hineingehen."

Im Hause hatten sich Elisabeth und Martha dicht an die Mutter geschmiegt. Als es wieder heftig donnerte, schrien sie auf, und die Mutter ging mit ihnen nach hinten, setzte sich dort, und die Mädchen bargen ihre Köpfe in ihrem Schoß, sobald es blitzte. Die Brüder standen vor dem Haus und beobachteten den Himmel, der sich ganz verfinstert hatte. Ein jäher Wind brachte eine so große Staubwolke, daß wir alle den Schutz des Hauses suchten. Jetzt fielen die ersten schweren Regentropfen, und bald goß es in Strömen. Judas und Jakobus standen in der Türe und schauten hinein in das Wetter. Jakobus sagte: „Das Gewitter kommt wieder von Jerusalem her."

Judas bestätigte das und sagte: „Jahve brüllt von Zion." [1])

Jakobus begehrte auf: „Was sagst du da?"

Judas antwortete: „Nun, das sagten doch alle Propheten, wenn ein Gewitter über Jerusalem stand."

Jakobus erwiderte: „Das weiß ich. Aber es stehet geschrieben: Du sollst nicht den Namen des Herrn, deines Gottes, brauchen, denn der Herr wird den nicht ungestraft lassen, der seinen Namen mißbraucht. Wenn der Herr zornig ist und einherfährt mit Blitzen, darf niemand seinen Namen nennen, damit es ihn nicht reize in seinem Grimm und er den Frevler mit seinem Blitz in den Boden schlage." [2])

Jetzt stand das Gewitter über Nazareth, und ein schwerer Donnerschlag folgte dem andern.

Der Vater rief den Brüdern zu, daß sie von der Türe weg und in das Haus kämen.

Jakobus folgte dem Ruf, aber Judas blieb stehen. Er sagte: „Ich will doch sehen, ob Jahve mich mit seinem Blitz zu Boden schlagen wird, oder ob er gar mit seinem Feuerwagen

---

[1]) Jer. 25, 30; Hos. 11, 10; Joel 4, 16; Amos 1, 2.
[2]) Ps. 140, 11; 18, 6; Jer. 23, 19; 30, 23.

herabkommt, daß ich einsteige und mit ihm gen Himmel fahre, wie einst Elias!"

Der Vater rief: „Judas, schweig mit deinen Lästerungen." Und Jakobus fügte hinzu: „Wenn jetzt ein Unheil unsere Familie trifft, dann bist du schuld."

Jetzt schlug ein Blitz so nahe ein, daß auch Judas von der Türe wegging, und alles schwieg, und wir horchten nur auf das fortwährende Donnern.

Judas sagte zu mir: „Hörst du, wie der schwere Wagen Gottes über die Wolken rumpelt? Man hört das Stoßen so, daß man schon meinen könnte, der Wagen bricht noch durch die Wolken und stürzt auf uns hernieder."

Niemand antwortete, und alle horchten auf das Rauschen des Regens und das Rollen der Donner.

Endlich war das Wetter über Nazareth hinweggezogen, und der Regen ließ nach. Judas ging hinaus, und wir waren froh, daß uns Gott verschont hatte.

Simon stand aschfahl an der Wand. Der Vater fragte, ob er sich noch fürchte. Das Wetter sei ja vorüber.

Joses sagte: „Manchmal kommt das Wetter auch wieder zurück, und der Höchste wirft erneut seine Strahlen auf die Menschen wie Spieße mit Feuerflammen."

Simon sagte: „Wenn das Gewitter zurückkommt, wollen wir schnell ein Lamm schlachten, wie es die Vorfahren in Ägypten taten, und wollen die Türpfosten außen mit dem Blute des Lammes bestreichen, damit der Höchste sieht, daß wir ihn verehren, und er uns nicht straft für die Lästerungen des Judas."

Der Vater antwortete: „Nein, Simon, das ist nicht nötig. Wir haben zum Passahfest ein Lamm geschlachtet nach des Herren Geheiß, und der Herr kennt seine Knechte. Wer gerecht ist und seine Gesetze hält, der braucht den Zorn des Höchsten nicht zu fürchten."

Jetzt hatte der Regen ganz aufgehört, und auch ich ging hinaus. Alles war erquickt nach der Schwüle des Morgens.

Langsam ging ich hinauf zu meinem Feigenbaum und blieb immer wieder stehen, um nach dem abziehenden Wetter zu sehen.

Es war ein wundervoller Anblick: Immer wieder leuchtete es hell auf zwischen den Wolken, und Blitze in feinen Verästelungen spielten über die ganze Wolkenmasse, soweit ich sehen konnte.

Ich mußte an die Geschichte von Elias denken, wie er vor der Königin Isebel auf den Berg Horeb floh, und dort der Herr vor ihm vorbeiging: Ein Sturmwind kam, und Gott war nicht in dem Sturmwind; ein Erdbeben kam, und Gott war nicht in dem Erdbeben; ein Feuer kam, und Gott war nicht in dem Feuer. Dann aber kam ein stilles, sanftes Sausen, und Elias verhüllte sein Haupt, denn nun spürte er Gottes Nähe. [1] –

[1] 1. Kön. 19.

Sehr gern weilte ich bei dem Töpfer Phidias. Dann schaute ich zu, wie er mit den Füßen die Töpferscheibe in Schwung brachte und aus dem feuchten Ton die verschiedensten Gefäße anfertigte. Ich konnte es immer kaum glauben, wie rasch sich unter seinen Händen das Gefäß bildete und förmlich in die Höhe wuchs. Manchmal mißlang ihm ein Gefäß. Dann drückte er den Ton wieder zusammen und begann von neuem.

Manchmal hielt er inne und erzählte. Einmal sagte er: „Ich bin auch ein Schöpfer, wenn ich mir erlauben darf, dies zu sagen. Ich kann machen, was ich will, Gefäße zur Ehre und Gefäße zur Unehre. [1] Jetzt habe ich einen Auftrag von dem Kaufmann Leukippos, ich soll ihm kleine Dosen machen mit gut schließenden Deckeln." Er kam und zeigte mir einen: „Sieh mal", sagte er, „wie gut der Deckel auf der Dose sitzt. Da soll eine schönriechende Salbe hinein, mit der die Frauen die Toten einbalsamieren. Die Dosen müssen fest schließen, daß der schöne Duft nicht entweicht."

Dann arbeitete er wieder lange, ohne etwas zu erzählen. Wenn er aber müde war, dann setzte er sich zu mir auf eine Bank und erzählte. Sein Großvater stamme aus Thessalonich und sei in seiner Jugend in Athen gewesen. Dort stände auf dem Areopag eine gewaltige Statue, Pallas Athene, die Göttin der Griechen. Diese Statue habe ein Bildhauer mit Namen Phidias gemacht. Etwas so Großartiges gäbe es in der Welt nicht wieder. Daher habe sein Vater, der auch hier in Nazareth schon Töpfer war, ihm den Namen Phidias gegeben. Er sei aber kein Bildhauer, nur ein bescheidener Töpfer.

---

[1] Vgl. Röm. 9, 21.

Ein andermal sagte er, der Rabbi habe in der Synagoge über die Schöpfungsgeschichte gesprochen. Aber er selbst hätte sie besser erklärt als der Rabbi. Die verstände nur ein Töpfer.

„Weißt du", sagte er und schaute sich um, ob jemand in der Nähe wäre, „im Gesetz stehen zwei Schöpfungsgeschichten. [1] Das hat der Rabbi noch gar nicht gemerkt. In der ersten Geschichte ist zuerst alles von Wasser überflutet, und dann mußte das Wasser ablaufen, daß man das Trokkene sähe. In der zweiten, die gleich darauf folgt, ist zuerst alles trocken, und dann kommt ein Nebel, der alles Land feuchtet. Der Rabbi sagt, wenn es trocken sei, wie bei uns im Sommer, dann könne nichts wachsen; erst müßten die Regengüsse kommen, daß wir im Herbst die Felder bestellen können.

Der Rabbi irrt sich. Es heißt ja: ‚ein Nebel' und nicht: ‚ein Regen' feuchtete alles Land. Es wird dann auch gar nicht erzählt, daß nun die Pflanzen anfingen zu wachsen, sondern etwas ganz anderes geschieht: Der Herr nimmt einen Klumpen Tonerde und bildet daraus den Mann nach seinem eigenen Bilde, Siehst du, das versteht nur ein Töpfer. Nur mit feuchtem Ton kann ich arbeiten, aber nicht mit nassem. Wenn es geregnet hätte, dann hätte Gott nichts mit dem Ton anfangen können. Aber nun weiß er, der große Künstler, daß der Ton nur feucht sein darf, und er formt nun mit seinen göttlichen Händen eine menschliche Gestalt. Sieh mal, das kann ich auch, und ich will dir nachher etwas Schönes zeigen. Aber was ich nicht kann, das kann Gott: Er hält die kleine Figur an seinen Mund und haucht ihr seinen lebendigen Atem ein. Nun ist der

[1] Die erste Schöpfungsgeschichte, die von den jüdischen Priestern im babylonischen Exil geschaffen wurde, geht bis in das 2. Kapitel Vers 4 a. In der Mitte dieses Verses beginnt die zweite Schöpfungsgeschichte, die in dem trockenen Kanaan entstanden ist.

Mensch lebendig, und Gott setzt ihn auf die Erde und freut sich über das, was er geschaffen hat. Nun fällt ihm ein, daß der Mensch doch etwas zu essen haben muß, wenn er leben soll. Gott braucht nur ein Wort zu sagen, gleich war da ein wundervoller Garten, das Paradies. Vielleicht ist es auch oben vom Himmel herabgekommen, denn der Baum des Lebens stand im Garten, von dem nur Götter essen dürfen, denn durch diese Früchte werden sie unsterblich. Darum hat auch Gott nachher, als Adam gesündigt hatte, ihn gleich aus dem Paradies gejagt, damit er nicht etwa auch von diesem Baum esse und unsterblich würde wie die Götter. [1])

Aber nun will ich dir etwas zeigen!"

Er stand auf und ging zu einem Vorhang, der an der Wand hing. Er schob ihn zur Seite, und ich sah eine Nische, in der allerhand Figuren standen. Er wandte sich nach mir um und sagte: „Das dürfte der Rabbi nie wissen. Es ist doch im Gesetz verboten, daß man Bilder und Statuen mache. Du versprichst mir, daß du das niemandem erzählst!" Ich versprach es ihm.

Er sagte: „Ich weiß, du sagst niemandem etwas."

Dann nahm er eine Figur heraus und zog den Vorhang wieder zu. Er gab sie mir schweigend in die Hand.

So etwas Schönes hatte ich noch nie gesehen. Es war die Gestalt eines Jünglings, der beide Arme nach oben streckt und mit einem ergreifenden Ausdruck der Sehnsucht emporblickt. Ich war ganz benommen und besah mir die Figur immer und immer wieder von allen Seiten.

Jetzt merkte ich erst, mit welcher gespannten Aufmerksamkeit mich Phidias beobachtete. Ich sah ihn fragend an. Er sagte: „Der Jüngling betet!"

---

[1]) 1. Mose 4, 22: „Und Gott der Herr sprach: Siehe, Adam ist geworden *wie unser einer* und weiß, was gut und was böse ist. Nun aber, daß er nicht ausstrecke seine Hand und breche von dem Baum des Lebens und esse und *lebe ewiglich*, – stieß ihn Gott der Herr aus dem Garten Eden . . ."

Ich blickte wieder auf die Figur und erwiderte: „Aber er streckt ja die Arme nach oben. Dort ist ja gar nicht Gott."

Phidias biß sich auf die Lippen. Dann sagte er: „Wie würdest du den Jüngling gemacht haben?"

Ich wurde ganz rot und wiederholte die Frage: „Wie ich diesen Knaben gemacht hätte?"

Ich schloß die Augen und sagte nach einer Weile: „Ich hätte einen Knaben gemacht, der auf dem Boden kniet, beide Hände auf die Schenkel gelegt. Er hat die Augen geschlossen, und auf seinem Antlitz leuchtet ein stilles Glück."

Er sah mich fast erschrocken an. Dann nahm er mir die Figur aus den Händen und schaute sinnend auf sie. Plötzlich biß er sich wieder auf die Lippen und schleuderte die Figur gegen die Wand, daß sie in viele Stücke zerbrach. „Laß mich jetzt allein", keuchte er. Ich ging erschreckt auf den Fußspitzen zur Türe und sah mich noch einmal um. Er stand noch immer mit einem erschütternden Ausdruck der Trauer auf dem Gesicht. Ich hörte noch, wie er murmelte: „Dort ist ja gar nicht Gott."

Dann floh ich von dem Hause und eilte auf die Höhe zu meinem Feigenbaum. Ich blieb dort, bis es dunkel wurde, dann ging ich nach Hause. Die Mutter fragte mich: „Wo warst du so lange?" Ich erwiderte: „Erst bei Phidias, dann bei meinem Feigenbaum."

Die Mutter wollte mir zu essen geben. Ich aber dankte und ging gleich auf den Söller, um dort zu schlafen. Die ganze Nacht lag ich wach im Anblick der funkelnden Sterne. –

Nicht lange danach – es war an einem Vormittag – sagte mir die Mutter, daß der Töpfer Phidias gestorben sei.

Ich war wie gelähmt, als ich dies hörte. Ich tat noch, was mir die Mutter aufgetragen hatte, dann schlich ich mich aus dem Hause und eilte zu meinem Feigenbaum.

Dort saß ich lange, wie betäubt. Ich sah nicht, wie sonst,

das Leuchten des unirdischen Lichtes, das mich hier überall umgab, ich wußte nur: Phidias ist tot. Ich würde nicht mehr bei ihm sitzen und schauen, wie er arbeitete, wie alles um ihn her Friede war. Ich würde nicht mehr alle fertigen Töpfe sehen, die dort standen, und alle kleinen Dosen auf der Bank, bis hin zu dem geheimnisvollen Vorhang vor der Nische, wo er die von ihm geschaffenen Figuren aufbewahrte. Ich würde ihn nicht mehr schauen können, wie seine Lichtseele ihn umgab in ständiger lebendiger Bewegung, in ruhigem Strömen, wenn ihm seine Arbeit gut aus den Händen erwuchs, in eigenartiger Unruhe, wenn ihm ein Werk mißlang. Ich würde nicht mehr freudig aufwachen aus meinem Schauen, wenn er sich plötzlich umdrehte, zu mir kam und mir irgend etwas zeigte oder erklärte.

Bei uns zu Hause erlebte ich diesen Frieden nicht: da war alles Unruhe, vor allem, wenn die Brüder zu Hause waren. Aber selbst, wenn ich mit der Mutter allein war und schaute, wie sie im Hause oder im Garten arbeitete, dann hieß es gleich: ‚Träume nicht! Hast du gar nichts zu tun?‘ Sofort mußte ich irgend etwas arbeiten und kam nie zu dem Schauen, das mich mit allem, was mich umgab, eins werden ließ. Immer mußte ich mich erst zu meinem Baum flüchten, um Gott ganz nahe zu sein. –

Es wurde Nachmittag, und immer noch durchlebte ich wieder alle Stunden und alle Gespräche, die ich mit ihm gehabt hatte. Ein Gefühl der Einsamkeit und des Verlassenseins überkam mich, wie ich es noch nie durchlitten hatte.

Endlich löste sich meine Trauer in Tränen auf. Ich weinte hilflos vor mich hin, bis ich plötzlich Schritte hörte. Ich wandte mich erschrocken um, als schon Joses sich mir näherte. Er sagte: „Das war nicht leicht, dich hier zu finden, die Eltern sorgen sich, daß du den ganzen Tag fortgeblieben bist.“

Als er meine Tränen sah, strich er mir über den Kopf

und sagte: „Sei nicht traurig, der Abschied von lieben Menschen gehört nun einmal zu diesem Leben. Phidias war alt und lebenssatt, seine Stunde war gekommen."

Damit ergriff er meine Hand und sagte: „Komm jetzt nach Hause, wenn du die Nacht geschlafen hast, dann wird alles leichter sein." Ich ging gehorsam mit ihm nach Hause und war dankbar, daß er nicht mehr sprach.

Als die Mutter mein verweintes Gesicht sah, nahm sie mich in die Arme und sagte: „Erinnerst du dich noch, was du unlängst zu mir sagtest, als ich so traurig war über den Tod der kleinen Esther? Da sagtest du: „Mutter, sie ist im Licht! Hast du das vergessen?"

Ich war ganz erschrocken und stammelte: „Daran habe ich jetzt gar nicht gedacht."

Die Mutter wollte nun, daß ich etwas esse. Aber ich schüttelte den Kopf. Der Vater sagte: „Bring ihn hinauf. Morgen kommt von selbst wieder der Hunger."

Die Mutter brachte mich zur Ruhe und küßte mich auf die Stirn. Dann lag ich allein.

„Er ist im Licht", immer wieder sagte ich es vor mich hin, warum hatte ich das vergessen?

Endlich schlief ich ein.

Ich träumte, ich säße wieder bei Phidias in der Werkstube. Er arbeitete an seiner Töpferscheibe, und ich freute mich wieder, wie schnell er seine Füße bewegte, wenn er eine schnellere Umdrehung der Scheibe beabsichtigte.

Phidias hatte wieder einen Topf fertig, stellte ihn behutsam auf die Erde und wandte sich zu mir. Er sagte mit einem Lächeln: „Ich muß dir etwas Schönes zeigen." Damit ging er zu der Nische, schob den Vorhang zur Seite und nahm eine Figur heraus; die brachte er und gab sie mir.

Es war ein Jüngling, der kniete; beide Hände lagen auf seinen Schenkeln. Ein überirdisches Leuchten lag auf seinem Antlitz, es leuchtete förmlich auch durch die geschlossenen Augenlider.

„O, ist das schön!" rief ich aus und sah zu ihm empor in Ehrfurcht und Freude.

Er antwortete: „Er ist im Licht!"

Da wachte ich auf.

Ich stand so unter dem Banne des Traumes, daß es mir war, als wenn ich noch in seiner Werkstatt wäre. Ich war so still und glücklich, daß ich gar nicht verstand, warum ich am Tage vorher so traurig war. Ich hatte gestern nur an mich gedacht, an das, was ich verloren hatte. Was hatte Phidias eben gesagt? „Er ist im Licht!" Jetzt wußte er also, was beten ist. Eine tiefe Freude überströmte mich, denn wenn er wußte, was es heißt, im Lichte sein, dann war er selbst jetzt im Licht, dann war ja alles gut. –

– – –

An einem Sabbath-Morgen fanden wir die Mutter bewußtlos. Ich hörte das Schreien der Schwestern und eilte hinzu. Der Vater schickte die Schwestern hinaus und versuchte, der Mutter Wein einzuflößen, aber vergeblich. Es dauerte noch lange Zeit, da schlug sie die Augen auf, konnte aber noch nicht reden. Als sie sich endlich verständlich machen konnte – der Vater konnte ihr jetzt etwas Wein geben –, bat sie den Vater, daß er ihre Mutter benachrichtige, die eine Stunde weit von Nazareth in Beth-Gilgasch wohnte.

Der Vater stand sofort auf, um sich fertig zu machen. Jacob aber sagte: „Vater, dann darfst du aber nicht mit der Großmutter den Weg nach Nazareth zurückgehen, denn am Sabbath darfst du nur eine Stunde gehen."

Der Vater stutzte. Dann sagte er: „Und wenn der Mutter etwas zustößt?"

Jacob zuckte die Achseln. Der Vater sagte auch nichts weiter, sondern machte sich auf den Weg.

Währenddessen ging ich oben auf den Söller. Dort war

ich allein. Ich kniete an der Brüstung nieder und barg den Kopf in dem Arm. Ich suchte erst ganz still zu werden und sagte mir die Worte aus meinem Lieblingspsalm: „Und ob ich schon wanderte im finsteren Tal, fürchte ich kein Unglück: denn du bist bei mir." Dadurch wurde ich ruhiger. Gott war ja da. Und ich stellte die Mutter ganz hinein in Gott, der hier war, hinein in sein Licht. Und je länger ich dies tat, je klarer und heller wurde das Licht. Da wußte ich, daß alles gut war.

Nach zwei Stunden kam der Vater mit der Großmutter, die ich sehr liebte. Jacob war erschrocken, als er den Vater sah. Er sagte zu diesem: „Nun hast du doch das Sabbathgebot übertreten. Das kann Gott an uns allen strafen." Ich fuhr auf: „Jacob, wie kannst du so etwas sagen! Gott straft doch niemanden, der etwas aus Liebe tut."

Der Vater warf mir einen dankbaren Blick zu, bedeutete mir aber, daß ich draußen bliebe.

Ich ging wieder hinauf auf den Söller, um wieder die Mutter im Lichte Gottes zu sehen. Das gelang mir jetzt viel leichter als vorher, und mein Herz war ganz voll Glück und Dankbarkeit. Ich wußte, die Mutter war ganz gesund.

Sie konnte tatsächlich wieder aufstehen, um mit der Großmutter für uns das Essen zu bereiten. Sie hat nie wieder einen solchen Ohnmachtsanfall gehabt. –

Die Erkrankung der Mutter hatte die ganze Familie sehr erschreckt und unsere Seelen aufgerührt.

Als wir Brüder allein waren, sagte Jacob: „Wir können Gott nicht genug danken, daß die Mutter wieder gesund geworden ist. Es ist gar nicht auszudenken, was das bedeutet hätte, wenn sie gestorben wäre. Was wären wir sieben Geschwister ohne unsere Mutter, und vor allem die Kleinen, die beiden Schwestern und Jesus brauchen sie doch so nötig."

Wir schwiegen, und Simon und Joses kämpften mit den Tränen.

Dann sagte Simon: „Wenn der Tod nicht so grausam wäre! Im Buche Hiob steht das Wort: „Wer in die Hölle fährt, der kommt nicht wieder."

Wieder hingen wir unseren Gedanken nach.

Joses sagte: „Ich fürchte mich so vor dem Tode. Wenn die Seele den Körper verlassen hat, wo irrt sie dann umher? Oder wird sie gleich in die Finsternis gestürzt, in die lichtlose Höhle unter der Erde? Oder stürzt sie gar in ein Feuer, wie es die Schrift von der Rotte Korahs berichtet, die lebendig in die Hölle fuhr?"

Daraf sagte Judas: „Was ist dann der Mensch? Ist er ein Gespenst, das in der Unterwelt herumgeistert? Was ist überhaupt die Seele des Menschen? Ist nicht doch am Ende alles aus, wenn der Mensch gestorben ist?"

Jacob antwortete: „Was die Seele ist, das sagt uns die Schrift. Als der Mensch geschaffen wurde, blies ihm Gott seinen Atem in die Nase. Also ist der Atem die Seele, und wenn der Mensch stirbt, haucht er seine Seele aus. Jetzt ist dieser Atem in unserem ganzen Körper, denn die Rabbiner sagen: auch die Haut des Menschen würde atmen."

Da erlaubte ich mir zu sagen: „Umgekehrt ist es: die Seele ist nicht im Körper, sondern der Körper ist in der Lichtseele. Das sehe ich ja, und das müßt ihr doch auch sehen. Wenn sich dann der Körper auflöst, so bleibt doch die Lichtseele. Wie kann sie dann im Dunkeln sein, wenn sie selbst Licht ist?"

Ich war erschrocken über mich, daß ich dies gesagt hatte.

Alle sahen mich verblüfft an, und Jacob sagte: „Was sind das für krause Gedanken? Es gibt hier doch nur ein Entweder-Oder: Entweder entschwebt die Seele nach oben oder nach unten.

Nach oben, wo Gott wohnt und die himmlischen Heerscharen, kommt kein irdischer Mensch. Das ist der Fluch der Sünde Adams. Gott hat Adam und Eva aus dem Paradiese getrieben, damit sie nicht von dem Baum des Lebens essen und dadurch unsterblich werden könnten wie die Götter. Denn ausdrücklich heißt es in der Schrift: ‚Und Gott sprach: Siehe, Adam ist geworden als unser einer und weiß, was gut und böse ist. Nun aber, daß er nicht ausstrecke seine Hand nach dem Baum des Lebens und esse und lebe ewiglich, – trieb ihn Gott aus dem Garten Eden.‘ [1])

So haben also die Himmlischen eine andere Speise als wir, durch die ihr Körper unsterblich wird. Wir aber dürfen diese himmlische Speise nicht essen, sondern müssen sterben.

Wir Menschen kommen also nicht in den Himmel, der ist uns verschlossen. Nur zwei Menschen sind von Gott zu der Würde unsterblicher Götter erhoben worden: Elias, der von Gott in seinem Gewitterwagen von der Erde in den Himmel gebracht wurde, [2]) und auch Henoch, der Sohn des Brudermörders Kain, der wegen seiner Frömmigkeit in den Himmel entrückt wurde. [3]) Er brauchte den Tod nicht zu schmecken, brauchte nicht in die finstere Hölle hinabzusteigen, wo keine Sonne hineinscheint und kein Mond. Wo soll das Licht in der Hölle herkommen? Was träumst du von einem Licht, in dem wir hier schon wären und auch nach dem Tode bleiben würden?"

Ich antwortete: „Ja, siehst du denn nicht die Lichtseelen der Eltern und der Brüder in ihren Farben und ihrer lebendigen Bewegtheit?"

Alle starrten mich an, als ob ich irre redete. Judas sagte: „Was doch Jesus da oben unter dem Feigenbaum sich alles für Unsinn ausdenkt! Er sollte lieber mit anderen Kindern spielen, so wie wir es getan haben."

Doch Joses sagte: „Wenn das wahr ist, was Jesus sagt, daß wir alle eine Lichtseele haben, die unseren Körper um-

---

[1]) 1. Mose 3, 22.
[2]) 2. Kön. 2, 11.
[3]) 1. Mose 5, 24.

gibt, dann brauchte man sich nicht mehr vor dem Tode zu fürchten."

Da wurden wir von den Schwestern zum Essen gerufen. Dort redeten wir nicht mehr vom Tode, schon in Rücksicht auf die Eltern.

– – –

Eines Tages kamen Judas und Joses in großer Erregung nach Hause. „Jetzt ist es so weit", sagte Judas, „alle Leute sagen es."

Wir fragten: „Was ist so weit?"

Judas antwortete: „Heute Nacht wird der Menschensohn vom Himmel erwartet. Da wird das Zeichen des Menschensohnes erscheinen."

Joses sagte: „Das ganze himmlische Heer steht schon bereit. Wenn dann der Menschensohn in den Wolken erscheint, werden die Posaunen und das Feldgeschrei erschallen, und das Gericht über die Heiden wird beginnen."

Wir alle waren so erregt, daß niemand sprechen konnte.

Der Vater fragte: „Und was ist das Zeichen des Menschensohnes?"

Judas antwortete: „Der Mond wird sich heute Nacht verkehren in Finsternis." [1])

Wir zitterten vor Aufregung. Niemand war noch imstande, etwas zu tun. Auch an Essen und Trinken dachte niemand.

Als es endlich Abend und die Sonne untergegangen war, blieben wir draußen, oben auf dem Söller. Überall sahen wir die Leute auf den Dächern stehen. Es war Vollmond und der Himmel klar.

Es wurde immer dunkler, nur der Mond schien hell über der Erde. Wir warteten und warteten, ich stellte mich hart

---

[1]) Jes. 13, 10; Joel 4, 15; Matth. 24, 29.

an die Brüstung, um die Beine still halten zu können, die immer wieder zu zittern begannen. Niemand sagte ein Wort.

Plötzlich sah man, wie von der einen Seite her der Mond sich verdunkelte. Eine unheimliche Stimmung überfiel uns. Judas sagte: „Das ist das Zeichen des Menschensohnes."

Als sich der Mond ganz verdunkelt hatte, lag nur ein unheimliches, fahles Licht auf der Erde. Joses sagte: „Jetzt muß der Menschensohn am Himmel erscheinen. Jetzt ist es so weit, jetzt kommt die große Wende für uns alle."

Da begann der Mond wieder an der Seite, wo er sich zuerst verdunkelt hatte, aufzuhellen. Immer weiter und weiter drang das Licht auf dem Monde vor, man sah den Mond schon wieder zur Hälfte hell, und schließlich stand der Mond wieder in vollem Licht am Himmel, als wenn nichts geschehen wäre.

Joses sagte: „Jetzt muß doch die Posaune vom Himmel erschallen."

Wir warteten und warteten, aber nichts geschah. Als einige Stunden vergangen waren, sagte Simon: „Wir wollen uns unsere Schlafmatten auf den Söller holen, daß wir nicht die ganze Nacht stehen müssen." Wir taten es, aber keiner konnte ein Auge zutun. Immer sahen wir voll Spannung nach dem Himmel.

Schließlich ging die Nacht vorbei, die Morgenröte kam, und das Licht des Tages breitete sich um uns aus.

Da sagte der Vater: „Der Menschensohn kommt wohl heute noch nicht."

Joses fragte: „Warum wohl nicht? Sein Zeichen stand doch am Himmel?"

Jacob antwortete: „Die Rabbiner sagen: ‚Erst wenn ganz Israel einen Sabbath nach dem Gesetz gehalten hat, wird der Menschensohn kommen.' "

Nach langem Schweigen sagte der Vater: „Also bin ich auch mit daran schuld, daß er nicht gekommen ist."

Am nächsten Tage ging der Vater mit den Brüdern nicht auf den Bau. Der Vater sagte: „Ich bin noch zu erregt. Zur Arbeit brauche ich eine ruhige Hand."

Am Abend gingen wir alle zeitig zur Ruhe. Wir schliefen wie die Toten.

Am Morgen sagte Joses: „Ich habe geträumt, der Messias sei gekommen. Oben am Himmel stand er und neben ihm Henoch und Elias."

Judas erwiderte darauf: „Das sind die einzigen Menschen, die sich den Tag des Gerichts von oben ansehen können. Die brauchen sich nicht so aufzuregen wie wir."

Jacob antwortete: „Warum sollen wir uns aufregen? Oder hast du Angst vor dem Gericht? Das trifft doch nur die Heiden und Gottlosen, die werden vertilgt werden von der Erde. Israel hat nichts zu fürchten beim Kommen des Messias, denn es hat schon zwiefältig gelitten für seine Sünden.[1] Das ist ja der herrliche Trost, den uns Jesaja gibt,[2] daß die, welche in der Gefangenschaft in Babylon geboren wurden und doch unschuldig waren an dem, was ihre Väter taten, also unschuldig die Sklaverei in Babylon bis in ihr hohes Alter erdulden mußten, für die Sünden des ganzen Volkes gebüßt haben. Jesaja nennt diese frommen Juden in der Gefangenschaft den ‚Knecht Jahves' und sagt von ihnen das Wort, das mich immer wieder tröstet, wenn ich die Sünde und den Ungehorsam Israels heute sehen muß: ‚Sie sind um unserer Missetat willen verwundet und um unserer Sünde willen zerschlagen. Die Strafe lag auf ihnen, auf daß wir Frieden hätten, und durch ihre Wunden sind wir geheilt.' Israels Schuld ist schon vergeben, weil sie die Gefangenen in Babylon getragen und gesühnt haben."

Judas fragte: „Werden wir dann auch in den Himmel

[1]) Jes. 40, 2.
[2]) Jes. 53, 5.

entrückt werden wie Henoch oder kommen wir doch in den Hades?"

Jacob antwortete: „Nein, wir kommen nicht in den Himmel, der ist nur Gott selbst vorbehalten, wir kommen auch nicht in den Hades, hier auf der Erde wird das vollkommene Reich Gottes aufgerichtet werden. Ich begehre nicht, wie Henoch, ein Halbgott zu werden. Das ist von Gott wohl nur den ganz Frommen vorbehalten."

Judas antwortete: „Aber wie ist es mit den verstorbenen Großeltern? Sie können doch nichts dafür, daß sie das Kommen des Messias nicht erleben. Sind sie von seinem Reich ausgeschlossen?"

Jacob erwiderte: „Nein, niemals! Darum balsamieren wir ja die Leichen der Entschlafenen ein, damit ihre Seelen bei der Auferstehung wieder in ihre Körper zurückkehren können. Die Rabbiner sagen, wenn auch nur ein Knochen von ihnen übrig sei, so schaffe Gott daraus wieder ihren Leib, wie er aus Adams Rippe die Eva geschaffen habe.

Judas fragte: „Aber wenn nichts mehr von ihnen übrig ist? Bei der Zerstörung von Jerusalem sind doch viele Leichen verbrannt?"

Jacob erwiderte: „Dann müssen die Seelen in der Unterwelt bleiben."

Simon sagte: „Die Sadducäer glauben nicht an die Auferstehung. Sie sagen, erst solle man ihnen einen Menschen zeigen, der von den Toten auferstanden sei."

Jacob bestätigte dies: „Ich weiß, aber es steht doch klar in der Schrift. Sie brauchten ja nur den 16. Psalm zu lesen. Ich liebe diesen Psalm, denn es war ein Heiliger, der ihn schrieb, man sagt, es sei David selbst gewesen. Er sagt, Gott habe nur Gefallen an den Heiligen, so auf Erden sind, und David ist gewiß, daß eines Heiligen Fleisch in der Erde sicher liege bis zur Auferstehung. Gott werde seine Seele nicht in der Hölle lassen. Also werde Gott auch nicht zulassen, daß die, welche schon gestorben sind, benachteiligt werden gegenüber uns, die wir jetzt den Tag des Herrn erleben werden. Wenn der Messias kommen wird, werden zuerst die Heiligen auferstehen und werden mit uns das Gottesgericht über die Heiden und Gottlosen erleben. [1]

Simon sagte darauf: „Mir hat ein Freund erzählt, die Sadducäer machten den Glauben an die Auferstehung lächerlich. [2] Sie sagen, in der Auferstehung gäbe es Vielweiberei. Wenn einer hier nacheinander sieben Frauen gehabt und immer wieder durch den Tod verloren habe, so habe er dann in der Auferstehung alle sieben Frauen."

Jacob bestätigte dies: „Ich weiß, daß solche Worte die Sadducäer gesagt haben. Die Antwort ist schwer. Mir leuchtet am meisten ein, was einige Pharisäer gesagt haben. Sie sagen, wenn dann alle Menschen unsterblich seien, brauche es ja keine Fortpflanzung mehr. In der Auferstehung würden die Menschen nicht mehr freien oder sich freien lassen. [3] Doch das wollen wir Gott überlassen."

Nach einer Weile fragte Judas: „Jacob, kannst du mir etwas erklären? Aber vielleicht findest du meine Frage lächerlich?"

Er schwieg, und Jacob ermunterte ihn, seine Frage auszusprechen.

Judas sagte: „Gott hatte doch nur eine Frau geschaffen, Eva, die Mutter von Kain; sonst gab es doch keine Frauen. Wie konnte dann Kain heiraten und einen Sohn haben?"

Jacob antwortete: „Das steht doch in der Schrift. [4] Kain wanderte nach Morgen und kam in das Land Nod. Dort nahm er ein Weib und baute eine Stadt, die nannte er nach seinem Sohne Henoch."

Judas antwortete: „Aber das ist doch gar nicht möglich!

---

[1] Vgl. 1. Thess. 4, 15 ff.
[2] Vgl. Mark. 12, 18 ff.
[3] Matth. 22, 30.
[4] 1. Mose 4, 16.

Ich denke, Adam und Eva sind die ersten Menschen! Dann konnte es doch noch gar keine Menschen irgendwo auf der Erde geben. Und nun baut Kain sogar eine Stadt, also waren dort schon Tausende von Menschen. Woher kommen denn diese?"

Jacob sagte: „Das dürfen wir nicht fragen. Was in der Schrift steht, ist Gottes Wort, und daran dürfen wir nicht herumdeuteln."

Judas sah sich verlegen nach uns um. „Aber ich habe doch meinen Verstand", sagte er, „wie erklärt ihr es denn euch? Gibt es zwei Schöpfungen, die eine, die in der Bibel erzählt wird, und eine frühere, von der nichts in der Schrift steht, in der die anderen Menschen auf der Erde geschaffen wurden?"

Jacob sagte: „Ihr wißt, was uns der Rabbi gesagt hat: Wer glaubt, der zweifelt und grübelt nicht. Das Wort der Bibel ist Gottes Wort. Der Verstand ist der Vater des Unglaubens."

Da wagte ich zu sagen: „Was hat denn das alles mit Gott zu tun?"

Jacob sah mich streng an und sagte: „Gott redet zu uns durch sein Wort, und nur durch sein Wort lernen wir ihn kennen. Also hat das alles sehr viel mit Gott zu tun. Wie willst du denn wissen, daß der Mensch von Gott erschaffen ist, wenn nicht durch die Schrift?"

Ich antwortete: „Gott hat doch alle geschaffen, nicht nur die ersten Menschen."

Judas wandte sich an mich: „Dann bist du doch auch der Meinung, daß da in der Bibel etwas nicht stimmt. Gott hat nur eine Frau erschaffen, die Eva. Wer hat nun die Frauen von Kain und Seth erschaffen und die Einwohner der anderen Länder, in die Kain und Seth wanderten?"

Ich antwortete: „Das sind doch nur alte, schöne Geschichten."

Judas sprang auf und erklärte: „Jetzt hat Jesus das gesagt, was ich nicht zu sagen wagte. Wie können wir denn wissen, wie die Erde und die Menschen erschaffen wurden?"

Jacob war entsetzt über diese Wendung des Gespräches. „Was redet ihr da für Lästerung?" rief er aus. „Hütet euch, daß dies nicht der Rabbi erfährt. Dann sieht er in euch Abtrünnige[1]) und ihr werdet aus der Synagoge hinausgetan.

Es ist hohe Zeit, daß Jesus in den Unterricht zum Rabbi kommt. Ich will mit dem Vater darüber reden."

Der Vater ging zum Rabbi und teilte ihm mit, daß er mich zum Versöhnungsfest nach Jerusalem mitnehmen wolle, denn ich sei jetzt zwölf Jahre alt.

Der Rabbi erwiderte, daß er dann mich und einige andere Knaben über die Stiftshütte, den Tempel und die Opfer unterrichten wolle. Und so geschah es. Ich hatte im Stillen erwartet, daß diese Stunden mir irgend etwas innerlich geben würden. Aber sie waren leer und öde. Ich sah den Rabbi oft an und seine Lichtseele, die viele dunkle und trübe Farben hatte. Dann rief er mich an, ich solle aufpassen und nicht träumen. Ich war immer froh, wenn die Stunde zu Ende war.

Einer unter den Knaben wurde auch öfter von dem Rabbi ermahnt, er solle nicht träumen. Vielleicht dachte dieser ähnlich wie ich. Er hatte eine helle, aber noch nicht voll entwickelte Lichtseele. Ich ging öfters mit ihm zusammen nach dem Unterricht heim. Er hieß Philippus. Er sagte einmal zu mir, die Griechen seien weiter als die Juden. Sie glaubten nicht mehr an Götter und Opfer. Sie suchten die Wahrheit nicht bei den Priestern, sondern bei den Philosophen. Er nannte auch einen Namen ‚Sokrates', den ich noch nie gehört hatte. Als ich ihn nach dessen Lehre fragte,

[1]) ‚Abtrünnige' ist der jüdische Ausdruck für Ketzer. Abtrünnige wurden oft gesteinigt.

sagte er ausweichend, sein Vater wolle nicht, daß er darüber rede. Da müsse er erst seinen Vater fragen. Ich solle auch niemandem von unserem Gespräch sagen. So blieb es bei diesem einen Gespräch.

Ich war froh, als die Unterweisung zu Ende war und der Tag des Aufbruchs kam.

Der Vater hatte unser Kommen dem Bruder meiner Mutter, meinem Onkel Nathanael melden lassen, der in Bethphage wohnte und einen Garten mit uralten Ölbäumen in Gethsemane besaß. Die Brüder schwärmten von diesem Onkel, der sie immer in reicher Weise mit Feigen und anderen Früchten beschenkt hätte.

Wir übernachteten mehrfach im Freien mit vielen anderen Pilgern, so daß auch die Mutter und die Schwestern keine Angst vor Räubern hatten, die sonst den Weg unsicher machten. Der Höhepunkt der Hinreise war der Augenblick, als wir auf die Höhe des Ölberges kamen und nun zum ersten Mal die Stadt Jerusalem vor uns liegen sahen. Die Pilger blieben dort auf der Höhe stehen und stimmten den Psalm an: „Ich hebe meine Augen auf zu den Bergen. Woher kommt mir Hilfe?" Nicht weit davon lag Bethphage, wo wir im Hause des Onkels freudig begrüßt wurden. Als er mich sah, stellte er mich vor sich hin und sagte: „Also das ist nun der Jesus. Ich glaube, den werde ich sehr lieb haben." Und damit küßte er mich.

Ich gewann den Onkel auch sehr lieb. Er war schon alt, aber noch sehr rüstig. Seine Lichtseele war von großer Vollkommenheit, ähnlich der des Töpfers Phidias. Er fragte immer nach mir, wenn wir aus der Stadt kamen und drückte mich oft zärtlich an sich.

Nun begannen die Vorbereitungen für den Besuch des Tempels. Wir mußten alle in einem der Bäder von Jerusalem ein Bad nehmen, und da die Bäder sehr überfüllt waren und viele draußen warteten, dauerte es einen ganzen Tag, bis wir baden konnten. Man darf nur ganz rein zum Tempel kommen, und da die Füße auf dem Weg zum Tempel wieder staubig werden, muß man oben in der Vorhalle sich in den bereitgestellten Becken die Füße waschen.[1])

Auf der Reise hatte mich die Mutter einen Psalm gelehrt, den Psalm der Sehnsucht nach dem Tempel: ‚Wie lieblich sind deine Wohnungen, Herr Zebaoth.'[2]) Als wir zum Tempel hinaufgingen, mußte ich diesen Psalm dem Vater aufsagen.

In der Vorhalle wusch mir die Mutter die Füße. Während die Brüder neues Wasser zum Waschen holten, ging ich schon zu den Kälbern, die in der Vorhalle angebunden waren. Es roch widerlich nach Blut, und die Kälber zerrten an ihren Stricken und brüllten. Ich dachte, sie hätten vielleicht Durst, nahm ein Becken mit Wasser und reichte es einem Kalb, aber es wollte nicht trinken, sondern zitterte am ganzen Leib. Ein Levit ging vorüber und jagte mich fort. Da ging ich traurig zu den Eltern, die schon nach mir ausgeschaut hatten.

Die Mutter mußte nun in dem äußeren Vorhof der Frauen zurückbleiben, nur die Männer durften zum Brandopferaltar gehen.

Die Luft war hier verpestet von dem Gestank verbrannten Fleisches und dem widerlich süßlichen Geruch des Blutes. Mir war ganz übel davon, und ich suchte das Zittern meiner Knie zu beherrschen.

---

[1]) Diesen Ritus benutzt das Johannes-Evangelium als Gleichnis. Joh. 13 Vers 10 sagt Jesus bei der Fußwaschung: „Wer gebadet ist, braucht nur noch die Füße zu waschen, dann ist er ganz rein." Die geistige Gemeinschaft mit Jesus wird hier unter dem Bilde einer Gesamt-Reinigung gesehen. Es bedarf dann nur, daß man jeden Abend den „Staub des Alltages" im Gebet beseitigt.

[2]) Psalm 84.

Da ich klein war, konnte ich hinter den vielen Männern nichts sehen. Nach einer Weile fragte mich Joses, ob er mich hochheben solle. Ich sah nun, wie die Priester einen Bock schächteten. Sie hatten ihm die Vorder- und Hinterbeine fest zusammengebunden. Zwei Leviten hielten ihn fest auf dem Boden, und ein Priester stach ihm mit dem Messer in den Hals, daß das Blut heraussprang, das in einer Schale aufgefangen wurde. Solange das Tier zappelte und zuckte, hielten die Leviten es fest. Als es verendet war, hielten sie es an den Hinterbeinen hoch, damit alles Blut aus dem Halse floß.

Ich ließ mich von Joses wieder auf den Boden stellen und schmiegte mich dicht an ihn. Als Joses mich wieder hochheben wollte, schüttelte ich den Kopf. Ich mochte nichts mehr sehen. Doch nach längerer Zeit sagte er energisch: „Jetzt mußt du wieder schauen."

Ich sah, wie ein Widder zum Hohenpriester gebracht wurde. Der Hohepriester legte die Hände auf ihn und sprach ein langes Gebet, in dem er alle Sünden des Volkes auf das Haupt des Tieres legte.[1]) Dann wurde der Bock durch den Leviten fortgeführt, und der Hohepriester ging in das Allerheiligste. Nun stellte mich Joses wieder auf die Erde und sagte zu mir: „Jetzt hast du das Wichtigste gesehen." Ich fragte: „Und was geschieht jetzt mit dem Bock?" Er erwiderte: „Der wird fortgeführt in die Wüste und dort umgebracht." Ich barg mich dicht an Joses. Er merkte, daß ich zitterte, und drückte mich fest an sich. Aus den Worten des Hohenpriesters hörte ich, daß noch ein Widder geschächtet wurde. Das Fleisch wurde auf den Brandopferaltar gelegt. Auch goß der Hohepriester Blut an alle Seiten des

[1]) 3. Mose 16, 20 ff.
Dieser Ritus wurde von der Urgemeinde auf „Christus", also auf den Messias übertragen. Der Messias habe sich selbst für sein Volk geopfert, nachdem er alle Schuld des Volkes auf sich genommen habe.

Altars. Der Gestank von dem verbrannten Fleisch wurde unerträglich, und ich konnte es kaum noch erwarten, bis die Feier zu Ende war. [1])

Als die letzten Gebete gesprochen waren und wir endlich diesen furchtbaren Ort verlassen konnten, hielt mich Joses fest an der Hand. Im Vorhof der Frauen fanden wir nach längerem Suchen wieder die Mutter und kamen langsam in dem Gedränge an den Ausgang. Dort verteilte sich die Menge und sobald es mir möglich war, ließ ich die Hand von Joses los, um so schnell wie möglich durch die Menschen nach Hause zu fliehen. Dort ging ich sofort in den Ölgarten in Gethsemane, und als ich in dem Garten war, warf ich mich auf den Boden und weinte, daß es mich nur so schüttelte.

Wie lange ich dort gelegen habe, weiß ich nicht. Als ich mich endlich erhob, fing es schon an zu dämmern. Aber ich konnte nicht in das Haus des Onkels gehen. Ich setzte mich auf einen Stein und starrte hinüber nach dem Tempel. Ich verbarg das Gesicht in den Händen und fing wieder an zu weinen. Aber es war jetzt nicht mehr so krampfartig wie vorher. Dann suchte ich mir eine Stelle, wo man nicht den Tempel sehen konnte und legte mich dort auf den Boden. Schon waren die ersten Sterne sichtbar, und es war mir, als ob ich jetzt daheim wäre. Je dunkler es wurde und je mehr Sterne sichtbar wurden, um so stiller wurde ich. Plötzlich fiel mir das Wort des Propheten Amos ein: „Ich mag eure Versammlungen nicht mehr riechen." [2])

---

[1]) Der Grieche Lucas hat aus der apokryphen Literatur die Legende vom zwölfjährigen Jesus im Tempel in sein Evangelium aufgenommen. Er kannte den Schlachthofbetrieb im Tempel nicht. Wie Jesus über den Tempel geurteilt hat, zeigt das Wort Matth. 21, 13: „Es steht geschrieben ‚Mein Haus soll ein Bethaus heißen', ihr aber habt ein Schlachthaus daraus gemacht."

[2]) Amos 5, 21.

Immer wieder mußte ich die Worte mir wiederholen; ich war wie krank und bald sagte ich: „Gott ist Licht" und bald: „Ich mag eure Opfer nicht mehr riechen."

Ich konnte nicht nach Hause. Ich blieb die ganze Nacht liegen wie in einem Fieberzustand.

Als es hell wurde, stand ich auf, um mich zu erwärmen. Als mein Blick auf den Tempel fiel, schauderte mich, und ich eilte jetzt hinab zu dem Hause des Onkels.

Ich hörte die Mutter die Handmühle drehen und ging zu ihr. Sie begrüßte mich mit einem Aufschrei. „Wo bist du nur die ganze Nacht gewesen? Und wie elend siehst du aus! Bist du krank?" Sie nahm mich in die Arme und herzte mich. Dann eilte sie fort, mir warme Milch zu bringen.

Jetzt kam auch der Vater und fragte, wo ich gewesen sei, sie hätten mich überall, bei allen Freunden und Bekannten gesucht und nicht gefunden. Ich sagte, ich wäre die Nacht im Garten Gethsemane gewesen. Er fragte: „Warum denn?" Ich sagte: „Es was alles so entsetzlich."

Der Vater sah mich groß an: „Was war so entsetzlich?"

Ich schwieg.

„Hast du gesehen, wie der Hohepriester die Hand auf den Kopf des Widders legte und auf ihn alle unsere Sünden?" fragte der Vater.

„Ja", sagte ich und sah ihn voll Angst an.

„Du hast offenbar gar nicht verstanden", sagte er, „was eigentlich vorging. Ich habe auch noch gestern nachmittag einen Bock für mich opfern lassen, und der Priester hat auf ihn die Hände gelegt und zugleich alle meine Sünden, vor allem, daß ich das Sabbathgebot übertreten hatte. So hat mich der Priester wieder mit dem Gott Israels versöhnt. Du weißt noch nicht, was es bedeutet, wenn einem eine Schuld. die auf der Seele lastete, abgenommen wird. Wir können nicht genug dankbar sein, daß der Höchste in seiner Barmherzigkeit gestattet hat, daß ein Tier geopfert werden dürfe statt des eigenen ältesten Sohnes. Denn so lautete ursprünglich das Gebot, wie es noch in dem Gesetz geschrieben steht.[1] Wer die Gebote des Herrn übertrat, mußte selber sterben oder seinen erstgeborenen Sohn als Opfer geben. Sei dankbar, daß nur der Widder sterben mußte und nicht dein Bruder Jacob.

„Der Gott Israels ist ein schrecklicher Gott!" so entfuhr es mir.

„Ja", sagte der Vater, „der Gott Israels ist ein schrecklicher Gott für alle, die seine Gebote übertreten. Darum sollen wir uns fürchten vor seinem Zorn und nicht wider seine Gebote handeln. Er verheißet aber Gnade und alles Gute denen, die seine Gebote halten. Darum sollen wir ihn lieben und ihm vertrauen und gerne tun nach seinen Geboten."

Ich schwieg und fing wieder an zu zittern. Die Mutter sah das und sagte: „Er muß sich jetzt hinlegen und schlafen, er hat ja die ganze Nacht nicht geschlafen."

Lange lag ich wach. Es war zu furchtbar, was ich erlebt hatte, und es war so unverständlich, was der Vater gesagt hatte. Endlich schlief ich ein und träumte, zwei Leviten hielten Jakob hoch an den Beinen, ein Priester stach ihm mit dem Messer in den Hals, und das Blut floß in eine irdene Schale, die darunter stand.

Mit einem Schrei wachte ich auf. Ich rieb mir die Augen, immer noch sah ich das Blut in das Gefäß fließen. Die Mutter kam und strich mir über den Kopf. Endlich verblaßte das Bild und verschwand.

Die Mutter fragte, was mir wäre. Ich konnte nicht antworten, sondern weinte, daß es mich schüttelte. Die Mutter suchte mich zu beruhigen und strich mir immer wieder

---

[1] 2. Mose 22, 28.

über den Kopf. Endlich hörte das Weinen auf, und ich verfiel wieder in einen wirren Schlaf. Der Vater und der Onkel kamen mehrfach zu mir, um nach mir zu sehen. Der Vater sagte: „Hoffentlich ist er morgen wieder gesund, wir wollen nach Nazareth zurück!"

Dies Wort machte mich froh. Es kam wieder Friede in mein Herz. Ich sah mich wieder auf meinem stillen Platz unter dem Feigenbaum und atmete seinen Frieden.

Ich schlief die ganze Nacht durch und wachte frisch und gesund am Morgen auf. Sofort stand ich auf und sagte dem Vater, daß ich wieder gesund sei und wir reisen könnten.

So brachen wir denn auf, vom Onkel beschenkt mit getrockneten Feigen, die ich gern auf der Reise aß.

Ich ging auf der Wanderung, wenn irgend möglich, allein. Ich freute mich an jeder Blume und liebkoste sie. Die Gräser standen wieder da voll Frieden in ihrem stillen Leuchten, wie in Nazareth. Je weiter wir von Jerusalem fortkamen, desto froher wurde ich. Wir sahen auch eine Herde Schafe, der der Hirte voranging. Ich nahm ein kleines Lamm und trug es eine Weile, was der Hirt freundlich zuließ. Ich dachte an meinen Lieblingspsalm „Der Herr ist mein Hirte". Immer wieder sagte ich mir die Worte: „Du bist bei mir", und das machte meine Seele heller und lichter.

Ich sagte den Psalm nur bis zu diesen Worten, denn den Schluß des Psalmes mochte ich nicht sagen: „Ich werde bleiben im Hause des Herrn immerdar." So wie ich an den Tempel dachte, kam wieder ein Gefühl der Übelkeit über mich.

So ging es drei Tage. Immer sagte ich mir die Worte: „Du bist bei mir." Am vierten erwachte ich früh, die Sterne standen noch über mir am Himmel. Da erfüllte meine Seele ein so strahlendes Licht, und eine so tiefe Seligkeit überströmte mich, daß es mir fast die Brust sprengte. Es war mir, als ob ich mich diesem Licht entwinden möchte, aber ich hielt ihm still, ich hielt mich fest, um das Licht zu erleiden. Es war mir, als würde ich selbst hinweggespült, und meine Seele weitete sich zur Unendlichkeit.

Wie lange ich in diesem Feuerstrom der göttlichen Liebe gestanden habe, weiß ich nicht, alles in mir frohlockte und jubelte. Leise erhob ich mich und schlich mich aus dem Lager. Die ganze Welt war durchsichtig und erglühte in einem unkörperlichen Licht. Ich setzte mich auf einen Stein und plötzlich kamen mir die Worte:

„Ich werde bleiben im Hause des Herrn immerdar."

Sie kamen wie von außen, es war nicht ich selbst, der sie sagte, aber sie hatten jetzt einen ganz neuen Sinn.

Hier war des Herrn Haus, so wie es einst Jacob[1]) erlebt hatte, als er draußen auf dem Felde die Nacht zubrachte. Da stand plötzlich über ihm der Himmel offen, und er sah die Engel Gottes herauf- und heruntersteigen. So stand ich auch jetzt mitten in dem offenen Himmel, und ich wußte: „Hier ist des Herrn Haus, hier ist die Pforte des Himmels."

Mit diesem Glück im Herzen war überall Gott, ganz gleich, wo ich war, ob, wie die gefangenen Juden in Babylon in der Knechtschaft, ob in der Löwengrube, wie Daniel, überall war des Herren Haus, überall war die Pforte des Himmels. –

Als ich wieder zu dem Lager kam, war alles im Aufbruch. Die Eltern waren froh, als sie sahen, daß ich wieder glücklich war. –

Als wir in Nazareth angelangt und ausgeruht waren, suchte ich sobald wie möglich meinen Feigenbaum auf.

Ein wunderbarer Friede durchströmte mich. Ich spürte, daß ich ein anderer geworden war durch die Reise. Ich erlebte noch einmal alles, was sich auf der Reise zugetra-

---

[1]) 1. Mose 28, 17.

gen hatte. Nie hatte ich geahnt, daß ein solcher Einbruch des Lichtes in meine Seele mir geschenkt würde! Ich spürte, daß mir dieser offenstehende Himmel nie wieder verloren gehen konnte.

Wodurch war es mir geschenkt worden? Ich hatte nur die drei Tage mir immer wieder das Wort gesagt: Du bist bei mir. Gott hatte dies Anklopfen gehört und mir den Himmel aufgetan.

Ich überließ mich ganz wieder dem Schauen. Ich sah die Gräser in ihrem stillen Leuchten, – und doch schaute ich sie nicht mehr wie früher. Ihr Licht war verblaßt gegen das Licht, das mich erfüllte. Es war mir, als wenn ich keinen Körper mehr hätte, als wenn die ganze Welt unverhüllt vor mir läge. Alles Sichtbare war nur der Schleier über diesem Geheimnis des Unsichtbaren, alle Dinge waren nicht mehr körperlich, raumhaft, sie waren lebendig, sie waren geistig.

Ich fühlte nur das Licht, das mich durchströmte, und plötzlich war mir klar: das ist es, in dem alles lebt und webt. Es war so anders, als alles, was man mit den Händen begreifen konnte, ganz anders als die Welt, wie ich sie bisher erlebt hatte. Die bisherige Welt war für mich wie ausgelöscht, seitdem ich ihr ganz anderes Wesen erblickt hatte.

Wie sollte ich dies nennen, was ich jetzt geschaut hatte? Ich nannte es: das *Ganz-Andere.* [1]

Alles war unwirklich geworden gegen die Wirklichkeit, die sich mir in dem Ganz-Anderen enthüllt hatte. Es war mir, als wenn ich außer dem Raume lebte. Das Ganz-Andere hatte nichts mit ihm zu tun, in ihm war alles gegenwärtig. –

Als ich aus diesem Zustand erwachte, war ich zuerst traurig, daß sich wieder der Himmel durch das Sichtbare

[1] Das Ganz-Andere ist das Metaphysische, das frei ist von Raum, Zeit und Kausalität.

verschleierte. Aber auch wo ich hier ging und stand, ich wandelte in einer anderen Welt, ich wandelte im Himmel. [1]) –

Es war schon tiefe Nacht, als ich nach Hause ging. Die Mutter kannte mich schon und hatte sich nicht um mich gesorgt. Als sie mich fragend anschaute und das Leuchten in meinen Augen sah, schwieg sie und sagte nur: „Jetzt leg' dich gleich zur Ruhe." Ich fragte: „Darf ich auf dem Söller schlafen?" Sie war einverstanden.

Ich lag lange wach im Anblick der Sterne. Sie waren Licht, wie auch ich Licht geworden war. –

– – –

[1]) Phil. 3, 20: „Unser Wandel ist im Himmel."

II. TEIL

In meinem Leben traten nun, da ich 12 Jahre alt geworden war, manche Veränderungen ein.

Ich rechnete jetzt zu den Erwachsenen und nicht mehr zu den Kindern. Ich durfte mit dem Vater und den Brüdern zusammen essen und wurde von der Mutter und von den Schwestern bedient. Die Frauen durften ja nicht mit den Männern zusammen essen, sondern aßen erst, wenn die Männer bedient waren, mit den Kindern zusammen.

Jetzt wurde auch die Frage erörtert, was aus mir werden sollte. Der Vater sagte, ich hätte einen guten Verstand, aber einen zu zarten Körper. Ich hätte die überschlanken Glieder von der Mutter. In meinem Alter seien die Brüder schon viel kräftiger gewesen. Er wüßte nicht, ob ich mich später zu der Arbeit auf dem Bau eignen würde.

Jetzt sollte ich Simon entlasten und das Ochsengespann übernehmen. Simon würde mich anleiten, es zu betreuen. Mit dem Ochsenkarren müßte ich die Brüder begleiten, wenn sie geeignete Steine auflasen oder ausgruben. Wenn sie den Karren voll Steine geladen hätten, müßte ich diese zum Bau fahren.

Außerdem sollte ich der Mutter im Garten helfen und ihr allmählich diese Arbeit abnehmen. Wenn ich dann später für den Bau zu schwächlich wäre, könnte ich einen größeren Garten anlegen und dadurch mein Brot verdienen.

Nun kamen für mich schöne Jahre, in denen ich, wie bisher, viel für mich allein sein konnte. Am liebsten arbeitete ich mit der Mutter zusammen im Garten. Sie liebte die Blumen und konnte eine besonders schöne lange bewundern. Sie liebte die Lilien und sagte, die seien schöner bekleidet als Salomo in aller seiner Herrlichkeit. Am meisten staunte sie immer über das Geheimnis der Samenkörner. Sie zeigte mir den winzigen Samen des Senfes.

„Sieh", sagte sie, „dieses Senfkorn! Es ist das Kleinste unter den Samenkörnern, und wenn es gesät ist,[1]) so nimmt es zu und wird größer als alle Kohlkräuter und gewinnet große Zweige, also daß die Vögel in ihrem Schatten nisten können." Ich antwortete: „Ja, Mutter, weil Gott in dem Samenkorn ist." Die Mutter erwiderte: „Was ist das für ein Unsinn! Der Höchste ist oben über den Wolken im Himmel. Er hat die Samenkörner so geschaffen, daß das Geheimnis des Lebens in ihnen ist." Ich sagte: „Ist nicht überall da, wo Leben ist, auch Gott?" Die Mutter schaute mich lange an. Dann sagte sie: „Der Rabbi würde entsetzt sein, wenn er das hörte. Aber vielleicht hast du recht."

Um dieses Wortes willen hatte ich die Mutter noch lieber als bisher.

Einmal kam Judas vom Felde nach Hause. Es war schon die Regenzeit im Winter. Er blieb stehen und sah zu, wie ich mit der Mutter ein Beet Erbsen legte. Da sagte er: „Das könnten doch die Schwestern auch tun. Du bist ja gar kein Junge." Die Mutter sagte: „Ärgere ihn nicht, er ist eben anders, als ihr waret!" Judas sagte: „Ich habe dir was mitgebracht." Und er gab mir eine Schleuder. „Als ich so alt war wie du, da konnte ich mit der Schleuder besser treffen als alle anderen Buben und habe manche Wildtaube getroffen und sie der Mutter zum Kochen gebracht. Das gibt eine wundervolle Suppe und ist eine herrliche Abwechslung in unserer täglichen Esserei. Dieses ewige Einerlei ist mir ganz zuwider. Du könntest mir mal eine Taube abschießen." Die Mutter sagte: „Denke an Esau und Jacob. Es ist immer so gewesen, daß der eine das Feld und den Garten baute und der andere ein Jäger war. Laß Jesus zufrieden, er kann keine Tiere töten. Selbst, wenn wir ein Schaf geschlachtet hatten, hat er nie davon gegessen." Judas sagte: „Mir ist der Esau lieber als der Jacob. Jacob

[1]) Marc. 4, 31–32.

war ein gerissener Gauner und hat alle übers Ohr gehauen. Esau war ein anständiger Kerl, aber die Anständigen sind immer die Dummen." Die Mutter war entsetzt. „Judas, wie redest du von unserem Stammvater Jacob! Wenn das der Rabbi hörte!" Judas sagte: „Er soll es nur hören!" und ging ärgerlich in den Stall.

Die Schleuder versteckte ich im Garten. Dann floh ich, sobald ich fertig war, zu meinem Feigenbaum. Ich mochte jetzt nichts essen, auf keinen Fall mit den Brüdern zusammensein.

Als ich auf meinem Steine saß, flog die Wildtaube wieder auf meine Schulter. Ich lehnte liebkosend meinen Kopf an sie. Diesen meinen Liebling sollte ich töten? Es überrieselte mich kalt, wie ich daran dachte.

Ich suchte stille zu werden durch Schauen. Aber es gelang mir heute sehr schwer, nichts zu denken und nur zu schauen. Ich wußte, nur wenn ich alles vergaß, mich selbst und die ganze Welt, dann kam der innere Friede, dann erfaßte mich der Lichtstrom Gottes.

Während ich mich diesen Gedanken ganz hingab, saß die Taube auf meiner Schulter und rührte sich nicht. Endlich erwachte ich wieder zu vollem Bewußtsein. Es war schon ganz dunkel geworden. Ich blickte auf die Taube, auch sie leuchtete in dem geheimnisvollen Licht, das aus der ganzen Umgebung strahlte.

Da fiel plötzlich alle Trauer und alle Angst von mir ab. Eine jubelnde Freude stieg in mir empor. Ich sprang auf, so daß die Taube erschreckt auf den Baum flatterte. Ich sah sie über mir sitzen, nie war mir ihr Licht so schön erschienen. Ich rief aus: „Du kannst ja gar nicht sterben, denn du bist ja auch ein Strahl aus der Lichtwelt Gottes. Sein Licht kann niemals sterben!"

Meine Seele weitete sich zur Unendlichkeit. Ich blickte in die Ferne. Über allem stand das Leuchten der Millionen

Sterne. Ich konnte nur stille halten dem großen Glück, das mich überströmte.

Lange stand ich so und schaute. Dort, in dieser Richtung, lag die Stadt Jerusalem. Ich dachte an den Tempel. Zu meinem Erstaunen kam kein Gefühl des Grauens und der Abscheu über mich, als ich jetzt an die Opfer im Tempel dachte. Der Vater hatte mir gesagt, daß zum Passahfest 10 000 Schafe und Lämmer dort geschächtet würden. Jetzt war das Entsetzen fort, das mich damals geschüttelt hatte. Ich dachte an unsere Schafe, ich kannte das Licht, das sie umgab. Auch die Schafe in Jerusalem standen in demselben Licht. Konnte das Licht Gottes verlöschen, konnte sein Gewand vergehen?

Das Licht, das in mir war und mich durchstrahlte, schien eins zu sein mit dem Licht, das aus allem strömte, das mich umgab. Die ganze Welt war Licht, und ich stand mitten in diesem Licht.

Es begann schon im Osten zu tagen. Ich erschrak. Langsam ging ich nach Hause und legte mich leise oben auf dem Söller auf meine Matte. Ich schaute zum Himmel, zu den Sternen. Es war mir, als ob alle Sterne in mir wären. Ich konnte nicht schlafen. Auch den ganzen folgenden Tag verließ mich nicht die Seligkeit dieses flutenden Lichtes. Ich tat alles wie im Traum und wußte kaum, was ich tat. Zum Glück fragte mich niemand, wo ich die Nacht gewesen wäre. Nur die Mutter schaute mich einmal so sonderbar an; aber sie sagte nichts.

— — —

Mit unseren beiden Ochsen war ich bald aufs beste befreundet. Sobald ich in den Stall kam, sahen sie sich nach mir um; wenn ich sie dann streichelte, brummten sie behaglich. Sehr sorgfältig band ich ihnen erst ein Tuch um die Stirne, damit sie das schwere Joch nicht drücke. Manchmal umarmte ich ihren Hals und sagte: „Was seid ihr doch für geduldige Tiere!"

Als ich noch kleiner war, sah ich einmal zu, wie der Vater die Ochsen anschirrte. Ich fragte ihn, warum er den Tieren das schwere Joch auflege. Es wäre doch viel leichter für die Ochsen, wenn man die Stricke, mit denen sie den Wagen zögen, einfach um die Brust legte.

Der Vater lächelte und sagte: „Wenn man die Stricke um die Brust legt und die Tiere einen schweren Wagen ziehen müssen, dann schneiden die Stricke ihnen in das Fleisch, und die Tiere werden wund. Dann können sie vor Schmerzen überhaupt nicht mehr ziehen. Du meinst, das Joch sei für die Tiere schwer. Nein, es ist für die starken Tiere leicht. Die Stricke werden an das Joch gebunden, und nun können die Tiere ihre ganze Kraft einsetzen, ohne sich wehe zu tun. Es ist erstaunlich, welche Lasten sie dann fortbewegen können."

Da verstand ich und hatte das Joch lieb. [1])

Der Vater sagte: „Als die Juden bei den Babyloniern Sklavenarbeit verrichten und auch die Kinder schon in deinem Alter den ganzen Tag mitarbeiten mußten, da tröstete sie Jeremias und sagte: „Es ist gut für einen Mann, wenn er das Joch in seiner Jugend tragen muß, damit er Geduld lernt, wenn er im Leben verlassen ist und ihn Leid überfällt." [2])

An dies Wort mußte ich jetzt denken, und ich nahm mir vor, so geduldig zu sein wie meine Ochsen. Der Bruder Simon hat mir erzählt, daß er auch, als er so alt war wie ich, mit dem Ochsenwagen dem Vater und den Brüdern folgen mußte, wenn sie Steine suchten, um sie dann auf dem Bau zu behauen. Da sei er einmal mit voll beladenem Wagen gegen einen Stein gefahren, und ein Rad sei zer-

---

[1]) Matth. 11, 29: „Nehmet mein Joch auf euch."
[2]) Klag. Jer. 3, 27.

brochen. Der Vater habe ihn sehr geschlagen, weil er nicht achtsamer gewesen sei, sie hätten die Tiere abspannen und ohne den Wagen heimkehren müssen. Erst nach vielen Tagen hätten sie ein neues Rad bekommen.

Da in Nazareth keine Straßen waren wie in Jerusalem, mußte ich sehr vorsichtig fahren bei den vielen Steinen, die im Wege lagen. Besonders schwierig war es draußen, wo auch der Boden viele Senkungen oder Löcher hatte. Oft mußte ich rückwärts gehen und die Ochsen am Kopf, bald nach rechts, bald nach links lenken, um durch die vielen Steine hindurchzukommen. Da lernte ich geduldig sein, denn ich brauchte oft viele Stunden, bis ich endlich mit dem voll beladenen Wagen am Bau anlangte.

Wir bauten damals für den Kaufmann Leukippos ein *Warenlager*. Er sagte zum Vater, daß er sich gewünscht hätte, hier ein Warenlager bauen zu können, wie es in Korinth sein Vater besessen hatte: in der Mitte einen Hof, umgeben von einem Säulengang, ringsherum die Warenräume, offen nach dem Hof, nach außen keine Fenster. Leider fehle es aber dazu in diesem Lande an Bauholz. Zwar hätten die Römer in den Hafenstädten Holz liegen, das sie für ihre Landhäuser am See Genezareth mit Schiffen aus Griechenland hatten heranholen lassen. Aber das Heranschaffen bis nach Nazareth sei zu teuer. Noch teurer käme es, wenn er aus dem Libanon Balken von Zedernholz durch Maulesel herbeischleifen lassen würde. Das hätte sich nur König Salomo für den Tempelbau leisten können.

So wollte er denn seinem bisherigen Lager gegenüber ein gleiches, einfaches Steinhaus errichten lassen. Um einen Hof zum Ordnen der Waren zu gewinnen, sollte der Platz zwischen den Häusern durch Mauern abgeschlossen werden.

Der Vater untersuchte den Boden, ob dieser Bau an der gewünschten Stelle möglich wäre. Alle vier Ecken eines Hauses mußten mit ihrem Eckstein auf Felsenboden stehen, um die Spannung des Steingewölbes aushalten zu können. Der Boden war wohl im Sommer steinhart, aber wenn die Regenzeit kam oder im Sommer die schweren Gewitter mit Sturmwinden und Wolkenbrüchen losbrachen, dann weichte der Boden auf, die Mauern gaben nach, und das Gewölbe stürzte zusammen. [1])

Die Untersuchung ergab, daß nur an zwei Ecken Felsgestein dicht unter der Erde war. An den anderen Ecken mußte bis Mannslänge aufgegraben werden, ehe Felsen kam.

So konnte das neue Haus nicht dem alten gegenüber, sondern mußte unmittelbar anschließend im rechten Winkel erbaut werden. Für die Hofmauer war der Boden gegenüber noch geeignet. –

Ich freute mich besonders über diesen neuen Auftrag des Leukippos an den Vater, denn nun konnte ich oft den Philippus sehen.

Philippus war meistens in dem großen Garten, nahe am Hause. Dort spielte er allein und übte sich in der Handhabung der Schleuder. Er erzählte mir, daß er das nächste Jahr auf Wunsch seines Vaters bei dem Rabbi im Gesetz unterrichtet werden sollte. Der Vater hätte zwar gesagt, die Griechen seien viel weiter in der Religion als die Juden. Von Sokrates und Plato hätten sie gelernt, das Göttliche zu verehren, das Licht sei. Alle sichtbaren Dinge seien nur die Schatten der unsichtbaren Dinge, die im Lichte des Göttlichen stünden.

Aber da Philippus unter den Juden Kaufmann werden sollte, müsse er auch die Religion der Juden kennen lernen.

Diese Worte beschäftigten mich sehr. Ich konnte gut verstehen, was er meinte. Auch die Griechen wußten also,

---

[1]) Vgl. das Gleichnis Jesu Matth. 7, 25–27 und Ludwig Schneller: „Kennst du das Land?"

daß Gott Licht ist. Ich erzählte dem Vater, daß Philippus im nächsten Jahre vom Rabbi im Gesetz unterrichtet werden sollte. Er horchte auf, aber er sagte nichts. Leise hatte ich die Hoffnung, daß ich auch an diesem Unterricht teilnehmen dürfe. Aber ich wagte nicht, es zu sagen.

Philippus zeigte mir auch im Warenlager die kostbaren Stoffe und Gewänder für Frauen. Ich wußte, wie alle Frauen nur die eine Sehnsucht hatten, solch ein Kleid zu besitzen.

In einer großen Nische waren viele Kapseln mit Papyrusrollen. Es waren die Propheten und die Psalmen und auch Schriften von Plato.

Philippus sagte, er solle auch die hebräischen Buchstaben beim Rabbi lernen. Endlich zeigte er mir eine griechische Übersetzung der Reden des Buddha. Sein Vater hätte ihm gesagt, das sei eine große Kostbarkeit, diese Schrift sei aber den Juden verboten zu lesen.

Unvermittelt fragte mich jetzt Philippus: „Bist du ein Jude?" [1]) Ich erwiderte: „Ich bin ein Galiläer, und mein Vater hat mir gesagt, daß die Juden uns Galiläer verachten. [2]) Wir Galiläer seien noch vor hundert Jahren Heiden gewesen, darum hätten auch die Juden unser Land, das alte Land Israel, Galiläa genannt, das heißt doch: das Land der Heiden. Aber durch die Rabbiner und die Synagogen seien unsere Urgroßväter zum rechten Glauben an den e i n e n Gott gekommen, während die Heiden an viele Götter glaubten."

Philippus erwiderte: „Darum ist auch mein Vater Juden-

---

[1]) Jesus war kein Jude, sondern gehörte zu den griechischen Siedlern, die in das völlig menschenleere Israel nach seiner Verwüstung eingewandert waren. Auch die erste Gemeinde in Jerusalem bestand fast nur aus griechischen Galiläern, wie die Liste der „Almosenpfleger" zeigt, deren Namen genannt werden (Apost. 6, 5): Stephanus, Philippus, Prochorus, Nikanor, Timos, Parmenas und Nikolaus. Vgl. dazu die Schrift von Professor Walter Grundmann „Jesus der Galiläer".

[2]) Vgl. Joh. 1, 16: „Was kann aus Nazareth Gutes kommen?"

genosse geworden, weil ihm die Vielgötterei verhaßt ist. Du darfst aber die gebildeten Griechen nicht Heiden nennen. Ich weiß, daß die Juden uns verachten und uns Hunde nennen. Aber unsere Religion, die Religion der gebildeten Griechen, steht höher als die jüdische Religion. Die Juden opfern noch Tiere, das tut kein gebildeter Grieche mehr. Wir haben die Philosophie, und was Plato in seinen Schriften geschrieben habe, sagte mein Vater, sei größer als das ganze Gesetz und die Propheten."

Ich erwiderte: „Ich kenne Plato nicht, habe auch nie vom Vater seinen Namen gehört. Aber ich verabscheue auch das Opfern von Tieren im Tempel. Der Tempel soll ein Bethaus sein, aber die Priester haben ein Schlachthaus daraus gemacht." (Matth. 21, 13)

Philippus fragte mich: „Denken dein Vater und deine Brüder auch so wie du?"

Ich antwortete: „Nein! Mein Vater sagt, es sei etwas ganz Großes, daß Gott in seiner Barmherzigkeit erlaubt habe, daß statt des Menschen, wenn er gesündigt und den Tod verdient habe, ein Tier an seiner statt getötet würde. Dadurch werde Gottes Zorn versöhnt. Mir ist dieser Gedanke furchtbar. Gott ist doch Licht und kann unmöglich zürnen. Nur Menschen zürnen, aber niemals Gott." [1])

Philippus fuhr fort: „Plato hat uns gelehrt, daß man Gott nicht wie einen Menschen denken dürfe, der zürnen könne. Er ist das unsichtbare Licht, und alle Menschen sind nur Schatten seiner Ideen, ganz gleich, ob Griechen oder Juden. Aber die Juden sagen doch, daß sie das auserwählte Volk Gottes wären vor allen Völkern der Erde. Glaubst du das auch?"

---

[1]) Vgl. den Sinnspruch von Angelus Silesius im Cherubinischen Wandersmann:

Gott zürnet nicht mit uns. Wir dichten's ihm nur an;
unmöglich ist es ihm, daß er je zürnen kann.

Ich war verwirrt, denn ich hatte darüber noch nie nachgedacht. Darum schwieg ich. Philippus fragte erregt: „Sind die Juden etwa bessere Menschen als wir Griechen?"

Wie eine Eingebung und Befreiung kam mir die Antwort:

„Alle Menschen sind Lichtstrahlen Gottes."

Philippus sah mich nachdenklich an. Dann antwortete er: „Du sagst „alle" Menschen. Es gibt doch aber überall gute und schlechte Menschen?" Ich zögerte. Dann sagte ich: „Auch die schlechten Menschen. Nur wissen sie es nicht, daß sie Lichtstrahlen Gottes sind oder haben es vergessen. Die anderen wissen es, weil es in ihnen licht ist."

Jetzt hörte ich die Schritte des Leukippus. Als er hereinkam und die indische Schrift in den Händen des Philippus sah, sagte er etwas zu ihm in griechischer Sprache. Philippus legte die Papyrusrolle in den Schrank und machte den Vorhang desselben wieder zu. Offenbar hatte es sein Vater sehr eilig, denn er ging sofort wieder hinaus.

Ich fragte Philippus, was sein Vater gesagt habe. Er antwortete ausweichend: „Wir reden untereinander immer griechisch."

Das machte mir einen großen Eindruck. Leukippos konnte also zwei Sprachen reden: die eine verstand jeder, und die andere nur die Familie. In dieser Sprache redete Leukippos, wenn er etwas sagen wollte, was die andern nicht verstehen sollten.

Als ich am Abend mit dem Vater und den Brüdern zusammen war und sie über die Leute im Orte sprachen, da kam ich mir plötzlich einsam und verlassen vor. Sie sprachen nur e i n e Sprache, die jeder verstand, aber meine Sprache verstand keiner von ihnen. Ob ich einmal Menschen finden würde, die meine Sprache redeten? Dann würde ich es wie Leukippos machen: wenn ich ihnen etwas zu sagen hätte, dann würde ich zu ihnen in meiner Sprache reden, so daß nur sie mich verstehen würden. Zu den andern würde ich die Sprache reden, die alle verstanden. [1])

Als Leukippos mich am nächsten Tag wiedersah, fragte er mich ganz unvermittelt: „Hättest du Freude, lesen zu lernen, so daß du selbst die Psalmen und die Propheten lesen könntest?"

Ich erwiderte: „Ja, große Freude!"

Leukippos fuhr fort: „Philippus kann griechisch lesen, aber er soll auch die hebräische Schrift lesen und die Propheten und die Psalmen kennenlernen. Er hat nicht so große Lust dazu. Da wäre es schön, wenn auch du zugleich beim Rabbi lernen würdest. Ich werde mit deinem Vater reden."

Aber es kam ganz anders. –

Als ich nach etlichen Tagen, müde von einem langen Wege mit dem Ochsenkarren, abends noch zu Philippus ging, begrüßte er mich mit den Worten: „Ich reise nächste Woche mit der Karawane nach Kapernaum." Ich war sprachlos und konnte diese Mitteilung zuerst gar nicht fassen. Er erzählte mir dann, daß ein Geschäftsfreund seines Vaters, der Kaufmann Alexander in Kapernaum, an Leukippos einen wichtigen Brief geschickt habe. Alexander habe einen Sohn Andromachos in seinem Alter. Nun sei es nach langem Suchen dem Alexander geglückt, einen Hauslehrer für seinen Sohn aus Korinth zu erhalten. Dieser heiße Anaximander und sei auf der Hochschule in Athen gewesen. Er wolle gern die Welt sehen und Syrien kennenlernen. Er solle dem Andromachos Unterricht in der griechischen Geschichte und in der Philosophie geben. Andromachos habe keine Geschwister und leide sehr unter seiner Einsamkeit, weil er keinen Spielgefährten habe. Alexander hätte darum gebeten, daß Philippus den Unterricht mit seinem Sohne teile. Alexander übernähme

[1]) Vgl. Matth. 13, 11 und 13.

alle Kosten, und er wolle auch dafür sorgen, daß Philippus etwas von der Welt sähe und mit dem Lehrer und Andromachos auch Reisen mache. Sein Vater Leukippos habe gesagt, solche Gelegenheit zu einer tüchtigen Ausbildung seines Sohnes wollte er sich nicht entgehen lassen, und er, Philippus, solle schon nächste Woche die Gelegenheit benutzen, um mit der fälligen Karawane Nazareth zu verlassen.

Ich weiß nicht mehr, was er mir sonst erzählte. Ich ging völlig benommen nach Hause und legte mich zur Ruhe. Aber ich konnte die ganze Nacht nicht schlafen. Ich hatte nie gewußt, wie sehr ich an Philippus hing. Ich hatte nur ihn als Freund.

Am nächsten Tage erzählte ich den Eltern, daß Philippus fortkäme. Auch sie waren bestürzt, und der Vater erlaubte mir, die nächsten Tage, so viel ich wollte, bei Philippus zu sein.

Die Trennung war sehr schwer, und ich weinte in der Nacht still vor mich hin. Dann dachte ich an das Wort, das mir schon so oft geholfen hatte: „Du bist bei mir", und getröstet schlief ich ein.

Es folgten nun zwei Jahre großer Einsamkeit. Oft saß ich still neben meinem Ochsenkarren, wenn ich draußen auf die Brüder warten mußte, und dachte an Philippus. Die Mutter merkte, wie sehr ich unter der Trennung litt. Sie erzählte mir bei der Arbeit im Hause und im Garten von Kapernaum. Dort wohnte der Bruder meines Vaters, Äneas. Der Vater war schon dreimal mit der Mutter bei diesem gewesen. Die Mutter sagte, ich könnte mir keinen lieberen Bruder denken als diesen. Der Vater wohne auch immer mit den Brüdern bei ihm, wenn er in Kapernaum einen Bauauftrag habe, und der Bruder versuchte, ihm immer wieder solche Aufträge zu verschaffen.

Ich konnte nicht genug hören, was sie mir von dem See und den Fischern erzählte, die dort des Nachts zum Fischfang hinausfuhren. Die Eltern verkehrten viel mit einem Fischer namens Zebedäus, dessen Söhne Simon und Andreas ihrem Vater zur Seite standen.

Auch der Vater nahm sich meiner mehr an als vorher. Oft mußte ich abends zu Hause bleiben, wenn ich gern zu meinem Feigenbaum gegangen wäre, und er las mir die Erzählungen von Moses, den Richtern und den Königen, und ich mußte sie ihm am nächsten Tage wiederholen. Manchmal, wenn ich des Abends zu müde gewesen war, hatte ich viel vergessen, so daß er mir die Geschichte noch einmal las. –

Die harte Arbeit schadete mir nicht. Ich wurde viel kräftiger und wuchs so schnell, daß die Mutter oft scherzte, sie könne meinen Hunger gar nicht mehr stillen. Nach einem Jahre nahm mich auch der Vater auf den Bau und ich mußte lernen, die Steine zu behauen und in den Bau richtig einzufügen.

Allmählich verblaßte das Bild des Philippus. Ich gewöhnte mich an die Einsamkeit, denn mit den Brüdern konnte ich nicht über das reden, was mich beschäftigte. Die schönsten Stunden waren für mich die Nachtstunden unter meinem Feigenbaum, und ich durfte mehr als einmal erfahren, daß ich so stark im inneren Lichte stand, daß ich förmlich fühlte, wie meine Augen leuchteten.

Oft saß die Taube auf meiner Schulter, und ich blieb so lange als möglich regungslos sitzen, um die Taube nicht zu verscheuchen.

Erst nach zwei Jahren kam Philippus wieder nach Nazareth. Ich konnte den Tag kaum erwarten! Und wie war er verändert! Auch er war gewachsen und breitschultrig geworden. Er hatte viel Leibesübungen machen müssen, Diskus werfen, wettlaufen, Steine stoßen und schwimmen. Ich konnte nicht genug hören von dem, was er mir aus Kapernaum berichtete.

Leukippos sprach dann mit seinem Sohne und stellte es ihm frei, ob er nach Griechenland in die Heimat des Großvaters zurückkehren oder das Geschäft des Vaters in Nazareth übernehmen wolle. Philippus entschloß sich für das letztere.

Ich schloß ihn überglücklich in die Arme und fragte, ob er nun immer in Nazareth bliebe. Er bejahte es, und ich war lange nicht so glücklich gewesen wie an diesem Tage.

Wir waren jetzt jeden Abend nach der Arbeit zusammen, und er war auch bei meinen Eltern und mußte ihnen von alten Bekannten und Freunden in Kapernaum berichten.

Als der Sommer zu Ende ging und die Regenzeit begann, sagte Leukippos seinem Sohne: wenn er in Nazareth bleiben wolle, müsse er auch ein gutes Verhältnis zur Synagoge haben. Es sei nötig, daß er das jüdische Gesetz genau kenne. Darum müsse er nun bei dem Rabbi Unterricht nehmen.

Als ich dies dem Vater berichtete, sagte er nichts. Aber ich merkte, daß ihn etwas beschäftigte. Wenige Tage darauf, als ich wieder Philippus abends besuchte, sah mich Leukippus, kam zu mir und sagte: „Philippus soll jetzt beim Rabbi Unterricht erhalten, daß er das Gesetz gründlich kennen lerne. Er sagt, wenn du auch an dem Unterricht teilnehmen würdest, hätte er mehr Freude. Ich werde mal mit deinem Vater reden."

Und so geschah es. Der Vater war einverstanden, und Leukippos ging zum Rabbi, um ihn um die Unterweisung seines Sohnes zu bitten. Der Rabbi erklärte, daß ihm zwei Schüler nicht genügten, er solle versuchen, noch mehr Schüler zu gewinnen.

Für Leukippos war es ein leichtes, dies in Nazareth bekanntzumachen, wenn er sich mit den Leuten, die bei ihm Ware kauften, unterhielt. So konnte er nach einigen Wochen dem Rabbi melden, daß noch vier andere Schüler an dem Unterricht teilnehmen wollten.

Endlich war es so weit, daß wir zum *Unterricht* beim Rabbi bestellt wurden.

Außer Philippus und mir nahmen noch folgende Nazarener an dem Unterricht teil: Timon, Nikanor, Parmenas und Prochorus. [1])

Als Leukippos von Philippus die Namen erfuhr, lachte er und erklärte: „Da sieht man schon an den Namen, wie stark der Anteil der Griechen an den Siedlern in Nazareth war."

Wenn das Wetter gut war, stand der Rabbi vor dem Hause, an den Türpfosten gelehnt, und wir hockten vor ihm auf der Erde.

Wir mußten die hebräischen Buchstaben in den Sand schreiben. Nur Philippus hatte eine kleine Wachstafel.

Später fingen wir an zu lesen, und zwar wählte der Rabbi die Psalmen für unsern Unterricht aus. Leukippos schenkte seinem Sohne auch eine Papyrusrolle der Psalmen, so daß wir zu je drei eine Rolle zum Lesen hatten.

Sehr eingeprägt hat sich mir die Erklärung des Rabbi zum ersten Psalm. Er sagte:

„Zweierlei Menschen gibt es, deren Wege der erste Psalm schildert, Gerechte und Gottlose. Gott ist ein gerechter Gott und hat den Menschen die zehn Gebote und das Gesetz gegeben, daß sie den rechten Weg wählen können. Wer das Gesetz Gottes hält, der ist wie ein Baum, gepflanzt an den Wasserbächen, der seine Frucht bringet zu seiner Zeit, und was er macht, das gerät wohl. Aber so sind die Gottlosen nicht, sondern sie sind Spreu, die der Herr bei seinem Gericht mit Feuer verbrennen wird."

Als wir nach der Stunde den Weg hinuntergingen, blie-

---

[1]) Vergl. die Namen Ap. 6, 5.

ben wir Schüler noch eine ganze Weile beieinander. Timon sagte, das stimme nicht, was der Rabbi gesagt hätte. Wer gehöre denn nun in Nazareth zu den Gerechten, die das Gesetz halten, und wer zu den Gottlosen? Er nannte dann mehrere Namen, von denen wir wußten, daß sie sich um das Gesetz nicht kümmerten und nie in die Synagoge kamen. „Geht es denen nun schlechter als den andern? Im Gegenteil, sie haben den besten Wein und die fettesten Schafe."

Wir schwiegen und wußten keine Antwort.

Nikanor sagte: „Fragen wir doch nächste Stunde den Rabbi. Er soll uns die Antwort geben!" Wir staunten über seine Kühnheit und warteten voll Spannung auf die nächste Stunde.

Als wir uns zu dieser Stunde sammelten, kam Nikanor zu Philippus und mir und sagte: „Ich weiß nicht, wie ich es sagen soll." Ich erwiderte: „Das ist doch einfach. In den Psalmen kommt immer wieder die Frage vor „Warum geht es den Gottlosen so wohl?"

Nikanor war froh und sagte: „Ist das wirklich wahr? Dann werde ich den Rabbi fragen."

Nikanor sagte am Anfang der Stunde, ob er den Rabbi etwas fragen dürfe? Es käme doch so oft in den Psalmen die Frage vor, warum es den Gottlosen so wohl gehe? Aber er wüßte keine Antwort.

Der Rabbi lobte ihn wegen seiner guten Kenntnis der Psalmen und erwiderte, das sei freilich die Frage gewesen, welche die Verfasser der alten, heiligen Schriften nicht hätten lösen können, weil sie das Gesetz Gottes nicht verstanden. Erst die Pharisäer unserer Zeit hätten die Lösung gefunden.

Das Grundgesetz der Gerechtigkeit Gottes laute: Der Gute wird belohnt, und der Böse wird bestraft. Dies geschieht aber nicht in diesem irdischen Leben. Gottes Gerechtigkeit ist aber unantastbar. Was folge daraus?

Wir wußten keine Antwort.

Er sagte: „Paßt genau auf jedes Wort auf: Gott belohnt jede gute Tat und bestraft jede böse Tat. Aber in *diesem irdischen* Leben geschieht das noch nicht. Was folgt daraus?"

Jetzt fanden wir die Antwort: daß es ein Weiterleben nach dem Tode geben müsse und daß dann die Guten belohnt würden, die hier noch keinen Lohn empfingen, und daß die Bösen bestraft würden, denen es hier in ihrem Sündenleben gut gehe.

Der Rabbi nannte das: Die Lehre von der ausgleichenden Gerechtigkeit Gottes.

Das sei der Punkt, wo sie sich mit den Sadducäern stritten. [1] Diese behaupteten, es gäbe keine Auferstehung nach dem Tode. Sie zerstörten damit den Glauben an die Gerechtigkeit Gottes, wie ihn das heilige Gesetz verkünde. Gesetz und Propheten lehrten, daß der Gute seinen Lohn und der Böse seine Strafe empfange. Wer also die Auferstehung und den Ausgleich nach dem Tode leugne, der sei nicht gläubig, sondern ungläubig.

Dann erzählte er uns ein Gleichnis, das ein Pharisäer den Sadducäern vorgetragen habe [2], als diese erklärten: Erst wenn einer von den Toten auferstünde, würden sie an die Auferstehung glauben.

„Es war ein reicher Mann, der kleidete sich mit Purpur und köstlicher Leinwand und lebte alle Tage herrlich und in Freuden. Es war aber ein Armer, mit Namen Lazarus, der lag vor seiner Tür voller Schwären und begehrte sich zu sättigen von den Brosamen, die von des Reichen Tische fielen; doch kamen die Hunde und leckten ihm seine Schwären.

---

[1] Vgl. Mark. 12, 18 und Apost. 23, 6.

[2] Das Gleichnis vom reichen Mann und vom armen Lazarus (Luc. 19) ist irrtümlich von Lucas für ein Gleichnis Jesu gehalten worden.

Es begab sich aber, daß der Arme starb und ward getragen von den Engeln in Abrahams Schoß. Der Reiche aber starb auch und ward begraben. Als er nun in der Hölle und in der Qual war, hub er seine Augen auf und sah Abraham von ferne und Lazarus in seinem Schoß. Da rief er und sprach: Vater Abraham, erbarme dich meiner! Sende Lazarus, daß er das Äußerste seines Fingers ins Wasser tauche und kühle meine Zunge: denn ich leide Pein in dieser Flamme.

Abraham aber sprach: Bedenke, Sohn, daß du dein Gutes empfangen hast in deinem Leben, Lazarus dagegen hat Böses empfangen; nun aber wird er getröstet und du gepeinigt. Und über das alles ist zwischen uns und euch eine große Kluft befestigt, daß die da wollten von hier hinabfahren zu euch, nicht könnten, und auch nicht von euch zu uns hinüberfahren.

Da sprach er: So bitte ich dich, Vater, daß du ihn sendest in meines Vaters Haus, denn ich habe noch fünf Brüder, daß er ihnen bezeuge, auf daß sie nicht auch kommen an diesen Ort der Qual. Abraham sprach: Sie haben Moses und die Propheten, laß sie dieselbigen hören.

Er aber sprach: Nein, Vater Abraham: sondern wenn einer von den Toten zu ihnen ginge, so würden sie Buße tun.

Er sprach: Hören sie Moses und die Propheten nicht, so werden sie auch nicht glauben, wenn einer von den Toten aufstünde." –

Nach dieser Stunde waren wir alle wie benommen. Wir gingen schweigend zusammen den Weg hinab. Endlich sagte Philippus: „Nun weiß ich doch, was Glaube ist."

Ich erwiderte: „Das ist überhaupt kein Glaube. Errechneter Glaube ist kein Glaube. Glaube ist etwas ganz anderes."

Philippus blieb stehen, während die andern weitergingen: „Was ist denn dein Glaube?" fragte er.

Ich schloß die Augen. Dann sagte ich: „Sterben heißt, sich in Gott auflösen. Das ist für den, der Gott liebt, das höchste Glück, für den, der nichts von Gott weiß, die höchste Pein. Eine andere Pein gibt es nicht."

Die anderen waren stehen geblieben, und Nikanor rief: „Was habt ihr? Wir sind begeistert von der Stunde."

Philippus sagte: „Jesus denkt anders über die Ewigkeit."

Erschrocken sagte ich: „Philippus, das war nur zu dir gesprochen. Das verstehen doch die anderen nicht!"

Sie kamen auf uns zu und bestürmten mich, ich solle ihnen sagen, wie ich über die Ewigkeit dächte.

Endlich sagte ich: „Das ist sehr schwer verständlich zu machen. Laßt mir einige Tage Zeit, dann will ich euch antworten."

Sie bedrängten mich, bis wir uns darauf einigten, daß wir am nächsten Tage zu gleicher Stunde zusammenkommen wollten. Da sollte ich ihnen meine Gedanken sagen.

Als ich an dem Abend zu meinem stillen Platz unter dem Feigenbaum hinaufstieg, war ich in der Tiefe meiner Seele voll großer Ruhe. Nur wußte ich nicht, was ich den Mitschülern antworten sollte. Unwillkürlich kamen mir daher die Worte über die Lippen: „Gott sagt mir, was ich antworten soll."

Als ich unter dem Feigenbaum saß, überließ ich mich ganz der Stille. Überall sah ich das unirdische Leuchten in den Gräsern. Sie lebten, lebten in Gott. Bekamen sie einen Lohn dafür?

Was für ein Unsinn war diese Frage! Das Leben trug den Lohn in sich selbst. Das Leben selbst war der Lohn. Einen anderen Lohn gab es nicht.

Und ich gab mich diesem Leben hin, das mich förmlich durchströmte, ich fühlte mich eins mit allem Leben, mit dem Leben der ganzen Welt.

Spät in der Nacht ging ich nach Hause und freute mich auf den Schlaf. Da war ich Gott am nächsten.

Als ich am anderen Morgen aufwachte, kam mir eine Geschichte in den Sinn. Ich überließ mich ganz meinen Gedanken, und immer wieder sagte ich mir die Worte: „Ein jeglicher empfing einen Denar." Plötzlich war es mir klar: Das war die Geschichte, die meine Antwort enthielt.

Als wir am Spätnachmittag zur verabredeten Zeit zusammenkamen, sagte ich zu den Mitschülern:

„Ich will euch eine Geschichte erzählen. In dieser Geschichte ist meine Antwort enthalten (Matth. 20, 1 ff.):

‚Ein Weinbergbesitzer ging am Morgen aus, um Arbeiter für seinen Weinberg zu mieten. Und als er mit den Arbeitern einig war um einen Denar als Tagelohn, sandte er sie in seinen Weinberg. Und er ging aus um die dritte Stunde und sah andere auf dem Markte müßig stehen und sprach zu ihnen: Gehet auch ihr hin in den Weinberg, ich will euch geben, was recht ist. Und sie gingen hin. Abermals ging er auch um die sechste und neunte Stunde und tat gleich also. Um die elfte Stunde ging er wieder aus und fand andere müßig stehen. Da sprach er zu ihnen: Was stehet ihr hier den ganzen Tag müßig? Gehet auch ihr in den Weinberg, und was recht ist, soll euch werden.

Da es nun Abend war, sprach der Herr des Weinbergs zu seinem Wirtschafter: Rufe die Arbeiter und gib ihnen ihren Lohn; und fange an bei den letzten und fahre fort bis zu den ersten.

Da kamen die, welche um die elfte Stunde gedungen waren, und es empfing ein jeglicher einen Denar. Da aber die ersten an die Reihe kamen, meineten sie, sie würden mehr empfangen. Und sie erhielten auch ein jeglicher einen Denar.

Und da sie den empfingen, murreten sie wider den Herrn des Weinbergs und sprachen: Diese letzten haben nur eine Stunde gearbeitet, und du hast sie uns gleich gestellt, die wir des Tages Last und Hitze ertragen haben. Er antwortete aber einem unter ihnen: Mein Freund, ich tue dir nicht unrecht. Bist du nicht mit mir einig geworden um einen Denar? Nimm das Deine und gehe hin. Ich will aber diesen Letzten geben gleich wie dir. Oder habe ich nicht Macht zu tun, was ich will, mit dem Meinen? Bist du darum neidisch, weil ich so gütig bin?

Also werden die Letzten sein wie die Ersten und die Ersten werden sein wie die Letzten."

Ich schwieg, und die Mitschüler sahen einander an. Endlich sagte Parmenas: „Wir verstehen dich nicht!"

Da sagte ich mit lauter Stimme: „Es gibt nur einen Lohn in der Ewigkeit, und das ist Gott."

Und ich ließ sie und ging davon. –

– – –

In der nächsten Stunde sagte der Rabbi, wir müßten den ersten Psalm auswendig lernen. Darum solle jetzt jeder von uns den Psalm lesen. Er wolle dann zuletzt sehen, wer den Psalm könne.

Es war ein heimlicher Wettkampf. Jeder sprach leise mit, wenn der Psalm gelesen wurde. Parmenas und ich konnten ihn ohne Einhelfen, Philippus versprach sich zweimal.

Der Rabbi sprach dann über die Gottlosen. Alle die Menschen, die nicht an den einigen Gott, den Gott Israels, glaubten, seien Feinde des Höchsten und Verfluchte. Das seien in erster Linie die Heiden, die fremden Göttern opferten. Darum gelte für Israel das Gebot: Du sollst den Heiden hassen als deinen Feind, denn er ist ein Feind des Höchsten. Und du sollst deinen Glaubensgenossen lieben, denn er ist ein Freund Gottes.

Bei diesen Worten zuckte Philippus zusammen, und auch die anderen wurden unruhig. Philippus bat den Rabbi, daß er eine Frage stellen dürfe. Der Rabbi erlaubte es. Philippus sagte: „Sind die Griechen auch Feinde Gottes und von Gott verflucht, so daß wir sie hassen müssen?"

Der Rabbi schwieg eine Weile. Dann sagte er: „Wenn sie den Höchsten als den einigen Gott anerkennen und sein Gesetz halten, wie es dein Vater tut, dann selbstverständlich nicht. Aber die Griechen, die in den Tempeln die Götzenbilder anbeten, die sind dem Herrn ein Greuel. Gott warnt uns durch das Schicksal der Rotte Korahs; weil sie anderen Göttern geopfert hatten, tat sich die Erde auf, und alle Männer mit Frauen und Kindern fuhren lebendig hinab in die Hölle. [1] Darum wird auch, wenn bald der Messias kommen wird, ein schreckliches Gericht über die Heiden ergehen. Nur die, welche den Höchsten allein anbeten, wie ihr und eure Väter, die werden in diesem Gericht verschont bleiben. Von diesem Gericht des Messias redet nun der nächste Psalm.

Er ließ uns nun den zweiten Psalm mit verteilten Rollen lesen. Philippus mußte den Dichter des Psalmes lesen, ich den Messias, die anderen vier die erregten Heiden, und der Rabbi las die Worte Jahves, Philippus begann:

> Warum toben die Heiden und die Völker reden so aufgeregt? Die Könige der Erde lehnen sich auf und die Fürsten beratschlagen miteinander wider den Herrn und seinen Messias.

Nun lasen die vier Mitschüler:

> Lasset uns zerreißen ihre Bande und von uns werfen ihre Seile.

Philippus:

> Aber der im Himmel wohnet, lachet ihrer, und der Herr spottet ihrer. Er wird einst mit ihnen reden in seinem Zorn und mit seinem Grimm wird er sie schrecken.

---

[1] 4. Mose 16, 30.

Der Rabbi:

Aber ich habe meinen König, den Messias, eingesetzt auf meinem heiligen Berge Zion.

Jetzt las ich:

Ich will von der Weise künden, daß der Herr zu mir gesagt hat: Du bist mein Sohn, heute habe ich dich gezeuget.

Der Rabbi:

Heische von mir, so will ich dir die Heiden zum Erbe geben und der Welt Enden zum Eigentum. Du sollst sie mit eisernem Zepter zerschlagen, wie Töpfe sollst du sie zerschmeißen.

Nun las Philippus:

So laßt euch nun warnen, ihr Könige, und laßt euch zurechtweisen, ihr Herrscher auf Erden. Dienet dem Herrn mit Furcht und freuet euch mit Zittern. Huldigt dem Sohn, daß er nicht zürne und ihr umkommet auf dem Wege; denn sein Zorn wird bald entbrennen. Aber wohl allen, die auf ihn trauen.

Dieses Lesen mit verteilten Rollen machte einen großen Eindruck auf mich. Es ging mir zum ersten Male auf, daß dieser Psalm eine Dichtung war. Aber trotz dieser neuen Art des Lesens war keine Stimmung mehr unter uns. Der Rabbi hatte es wohl gespürt und verschob die Besprechung des Psalmes auf die nächste Stunde.

Als wir uns weit genug vom Hause des Rabbi entfernt hatten, brach der Sturm los. Prochorus sagte: „Die Bilder in den griechischen Tempeln sind überhaupt keine Götzen oder Götter. So mag es noch das ungebildete Volk glauben. Das sind Sinnbilder für die geheimnisvollen Kräfte der Natur. Wir Griechen haben die Philosophie. Plato bedeutet uns mehr als das ganze jüdische Gesetz."

Timon erwiderte: „Warum kommst du dann zum Rabbi zum Unterricht?"

Prochorus antwortete: „Weil mein Vater es will. Ich soll das jüdische Gesetz kennenlernen. Aber mein Vater denkt auch so wie ich. Erst kürzlich sagte er zu mir: Weißt du, der Berg des Moses, der war ein Vulkan. Die Rauchsäule des Vulkans führte die Juden hin zu dem Berge, des Nachts als Feuersäule und des Tages als Rauchsäule. Und bei dem Berge geschah ein Erdbeben, der Boden riß auf, und ein Teil des Lagers mit der Rotte Korah stürzte in die glühende Lava. Das ist die Hölle, von der der Rabbi spricht. Ich glaube an keine Hölle."

Wir sahen uns erschrocken um, ob niemand uns zuhöre. Dann trennten wir uns, und jeder ging voll Erregung nach Hause.

Philippus begleitete mich. Nach einer Weile fragte er: „Glaubst du an eine Hölle?"

Ich antwortete: „Du weißt, was ich dir kürzlich sagte: Für den, der nichts von Gott weiß, ist das Auflösen der Seele in Gott, wenn es zum Sterben geht, die höchste Pein. Eine andere Pein gibt es nicht. Wozu auch? Wer ohne Gott lebt und es aushält, ohne ihn zu leben, der ist hier schon in der Hölle. Wer aber Gott liebt, lebt hier schon in der Lichtwelt Gottes, die wir Himmel nennen."

Philippus sah mich dankbar an, seufzte erleichtert und sagte: „Ich habe schon manchmal ordentlich Angst gehabt vor der Hölle. Ich bin froh, daß es gar keine Hölle gibt." –

Als wir das nächste Mal zur Stunde kamen, hatten sich die Gemüter beruhigt. Leukippos hatte seinem Sohn gesagt, er solle erst den weiteren Unterricht abwarten und nicht voreilig urteilen.

Dem Rabbi muß wohl etwas zu Ohren gekommen sein von unserer Erregung; das merkten wir im Laufe der Stunde.

Er nahm den 51. Psalm, den David nach seinem Ehebruch mit der Bathseba verfaßt haben soll.

Der Rabbi ließ den Ältesten von uns, Prochorus, den Psalm lesen:

„Gott, sei mir gnädig nach deiner Güte, und tilge meine Sünden nach deiner großen Barmherzigkeit. Wasche mich wohl von meiner Missetat, und reinige mich von meiner Sünde. Denn ich erkenne meine Missetat, und meine Sünde ist immer vor mir. An dir allein habe ich gesündigt und übel vor dir getan, auf daß du recht behaltest in deinen Worten und rein bleibest, wenn du gerichtet wirst. Siehe, ich bin in sündlichem Wesen geboren, und meine Mutter hat mich in Sünden empfangen."

Hier stockte Prochorus und sah voll Entsetzen den Rabbi an.

Der Rabbi sagte: „Die Worte erschrecken dich. Seitdem Adam und Eva im Paradiese gesündigt haben, liegt der Fluch der Erbsünde auf dem ganzen Menschengeschlecht, und nichts ist so belastet von diesem Fluch wie das Geschlechtsleben der Menschen. Gerade ihr jungen Leute müßt Gott täglich anflehen, daß er euch bewahre vor unreinen Gedanken. Darum lernt zur nächsten Stunde die folgenden Worte. Er ließ jetzt Parmenas lesen:

„Schaffe in mir Gott, ein reines Herz, und gib mir einen neuen gewissen Geist, verwirf mich nicht von deinem Angesicht und nimm deinen heiligen Geist nicht von mir."

Der Rabbi zeigte uns dann an dem Beispiel von David, wie eine Sünde die andere im Gefolge hat. Aus seiner Lüsternheit folgte der gemeinste Meuchelmord. Er gab dem Manne der Bathseba, dem pflichttreuen Uria, einen Brief an den Führer seiner Truppe mit, in dem die Anweisung stand, ihn in die vorderste Linie zu stellen, damit er dort falle.

Dann sprach der Rabbi mit einer Rückhaltlosigkeit und Schärfe, die uns erstaunte, über die Sünden der Richter und der Könige in Israel und zeigte, wie immer der Götzendienst und der Abfall von dem Gotte Israels Unglück und Gericht über die Könige und über das ganze Volk gebracht hätten.

Dann sagte er: „Denkt nicht, daß die Juden besser gewesen seien als die anderen Völker. Das ist das Wunder der Gnade und Barmherzigkeit Gottes, daß er trotz aller Sündhaftigkeit Israel ausgewählt hat unter allen Völkern, um sich ihm zu offenbaren und es zum Heiland für alle Völker zu machen, daß auch sie zur Erkenntnis des einigen und ewigen Gottes kämen und sich bekehrten von den falschen Götzen zu dem lebendigen Gott." –

Wir gingen still und beschämt aus dieser Stunde. Timon sagte: „Wir haben ihm doch unrecht getan." Nach einer Weile sagte Parmenas zu Prochorus: „Du machtest ja ein Gesicht, als du den Psalm lasest, als hättest du eine madige Feige gegessen."

Prochorus erwiderte: „Der Psalm ist ekelhaft. Das konnte wirklich nur ein Jude schreiben: „meine Mutter hat mich in Sünden empfangen". Meine Mutter wird außer sich sein, wenn ich ihr das erzähle. Erst kürzlich sprach sie mit mir vom Heiraten und sagte, sie habe mich von meinem Vater in Seligkeit empfangen und nie ein größeres Glück empfunden als in der Stunde nach meiner Geburt, als man ihr sagte, sie habe einen Sohn geboren."

Eine heiße Röte stieg mir ins Gesicht. „Dein Leben", sagte ich, „hast du nicht von deinen Eltern. Das Leben ist ewig wie Gott und hat mit dem Körper nichts zu tun. Dieser ist nur ein Schattenbild des Lebens."

Prochorus brach in ein schallendes Gelächter aus. Er wiederholte spöttisch meine Worte: „Das Leben hat mit dem Körper nichts zu tun?" Nun, dann laß dich doch einmal kreuzigen! Dann wollen wir zusehen, ob dein Leben etwas mit deinem Körper zu tun hat oder nicht."

Alle waren entsetzt über diese Worte. Philippus rief: „Du bist gemein, so etwas zu Jesus zu sagen."

Er erwiderte: „Meine Worte waren nicht persönlich, sondern sachlich gemeint. Wer behauptet, daß sein Leben mit seinem Körper nichts zu tun habe, der muß es beweisen."

Philippus wandte sich zu mir und zog mich fort. Wir gingen still eine Weile, dann sagte er: „Ich habe dich auch nicht verstanden. Wie meintest du das, was du sagtest?"

Ich blieb stehen, schloß meine Augen und wurde mir ganz des Lebens bewußt, das mich trug. Dann sagte ich: „Nicht der Körper ist das Leben, das Leben ist etwas Selbständiges, Unabhängiges, Ewiges, das Leben ist Gott selbst." [1]

Philippus sagte: „Aber du hast doch einen Vater und eine Mutter?"

Ich erschrak. Dann sagte ich: „Ich glaube nicht, daß du mich verstehen wirst. Ich habe keinen Vater und keine Mutter. Gott ist mir beides, Vater und Mutter." [2]

Philippus zuckte die Achseln und verließ mich.

Ich schaute ihm nach und es schien mir, ich war noch nie in meinem Leben so allein gewesen wie in diesem Augenblick. Ich schlug den Weg ein zu meinem Feigenbaum. Eine Weile ging ich wie in dumpfer Betäubung. Ich wiederholte mir immer wieder die Worte: „Das Leben in mir ist Gott."

Als ich auf der Höhe anlangte, legte ich mich ins Gras. Ein tiefes Verlangen nach Ruhen, nach Ausruhen war über mich gekommen, als hätte ich einen weiten Weg zurückgelegt. Die Worte des Prochorus kamen mir unwillkürlich in den Sinn: „Laß dich doch kreuzigen, damit wir sehen, ob dein Leben etwas mit deinem Körper zu tun hat oder nicht." Ich breitete beide Arme aus und legte die Füße aufeinander. Im Geist sah ich mich auf einem Kreuz liegen

---

[1] Vgl. Angelus Silesius:
Nicht du bist's, der da lebt, denn das Geschöpf ist tot.
Das Leben, das in dir dich leben macht, ist Gott.

[2] Vgl. das Wort Matth. 23, 9: „Ihr sollt niemand Vater heißen, denn einer ist euer Vater, der im Himmel ist."

und fühlte, wie die Nägel durch meine Hände geschlagen wurden. Lange lag ich so und starb mir selbst und allem, was mich umgab. Es war ein Sterben im Licht, denn das Licht, das mich vorher erfüllt hatte, verschwand nicht. Ein Gefühl unendlicher Seligkeit wuchs in mir empor. Meine Lippen sprachen immer wieder die Worte: „Ich bin gestorben, und mein Leben ist verborgen in Gott." [1] Immer mehr schwand die Welt um mich, und ich wußte nicht mehr, ob ich in meinem Leibe war oder nicht. Ich war verzückt bis in die Lichtwelt Gottes und hörte unaussprechliche Worte, die kein Mund aussagen kann. [2]

Es war tiefe Nacht, als ich wieder zu mir kam. Wie ich nach Hause kam, weiß ich nicht. Obgleich die Nacht kühl war, legte ich mich auf dem Söller zur Ruhe. Die ganze Nacht schaute ich in die unendliche Lichtwelt der Sterne. Ich spürte keine Kälte; denn Gott war mir Wärme und Licht. –

Am nächsten Tage kam überraschend Philippus zu mir und bat mich um Verzeihung, daß er mich so unfreundlich verlassen hätte. Er sei schon am Abend bei meinen Brüdern gewesen, die hätten ihm gesagt, daß ich noch nicht nach Hause gekommen wäre. Ich würde wohl wieder unter meinem Feigenbaum weilen.

Er sei dann den Weg hinaufgegangen, habe aber nicht den Mut gehabt, mich oben zu suchen, sondern hätte sich auf einen Stein gesetzt, um meine Rückkehr abzuwarten. Es sei schon ganz dunkel geworden, da habe er plötzlich oben bei einem Baum ein wunderbares Licht gesehen von unirdischer Helligkeit, und dann habe er in diesem Licht meine Gestalt erkennen können, umflossen von strahlendem Licht. Das hätte wohl fast eine Stunde gedauert, dann sei das helle Licht verschwunden. Er sei dann nach Hause

---

[1] Vgl. Kol. 3, 3.
[2] Vgl. die Erlebnisse des Paulus 2. Kor. 12.

geeilt, um mir nicht zu begegnen, habe aber niemandem von dem Erlebnis erzählt.

Ich konnte nicht antworten, so überwältigt war ich. Dann bat ich ihn, daß er niemandem davon sagen solle. Er versprach es mir. –

– – –

In der nächsten Stunde ließ uns der Rabbi noch einmal den zweiten Psalm lesen, wieder mit verteilten Rollen.

Er knüpfte an das letzte Wort an: sein Zorn wird *bald* entbrennen. Es sei die Überzeugung fast aller Pharisäer und Schriftgelehrten, daß das Kommen des Messias unmittelbar bevorstände. Aber man müsse sich hüten, Schwärmern zu folgen, wie wir es mit dem Galiläer Judas und Bethsaida erlebt hätten. Er sei umgekommen, und alle, die ihm folgten, seien erschlagen. Die Propheten hätten klare Aussagen gemacht, die wir genau kennen müßten, um nicht einem falschen Messias uns anzuschließen.

Da sei zunächst von entscheidender Bedeutung ein Wort des Propheten Micha (Kap. 5, 1):

„Und du Bethlehem Ephrata, die du klein bist unter den Fürstensitzen in Juda, aus dir soll mir kommen, der in Israel Herr sei." Dies Wort würde von den Schriftgelehrten verschieden ausgelegt. Die einen nähmen es buchstäblich und behaupteten, der Messias müsse im Orte Bethlehem, wie einst David, geboren sein.

Die anderen erklärten, es handele sich um das davidische Fürstengeschlecht, dessen Stammsitz Bethlehem sei. Wer ein Nachkomme Davids sei, der stamme aus Bethlehem. Das entspräche auch den sonstigen Voraussagen der Propheten. Auf die Herkunft des Messias aus dem Hause Davids komme es allein an. Man wisse aber von keinem Davididen, der in Galiläa lebe. Aus Galiläa könne daher der Messias nicht kommen. Daß dieser Messias bald kommen werde, das habe schon Jesajas erwartet. Er sagt (Jes. 7, 14): „Der Herr wird euch selbst ein Zeichen geben. Wenn jetzt eine junge Frau schwanger ist, so wird die Errettung kommen, noch ehe das Kind geboren ist, so daß die Mutter ihren Sohn nennen werde: Immanuel, das heißt: Gott ist mit uns." Aber diese Hoffnung habe sich bis heute nicht erfüllt. Israel warte noch immer vergeblich auf seine Erlösung. Manche Schriftgelehrte sagten: Erst wenn ganz Israel einen Sabbat nach dem Gesetz halte, werde die Erlösung kommen. –

Als wir das Haus des Rabbi verlassen hatten, fragte Prochorus den Philippus: „Ist nicht heute eure Karawane vom Jordan her angekommen? Habt ihr Kunde von dem, was im Gebiet der Gadarener vor sich geht? Ist es wahr, daß ein Mann namens Theudas [1] Truppen sammelt, um uns von den Römern zu befreien?"

Philippus antwortete: „Wenn du schon so viel weißt, wird mein Vater auch einverstanden sein, wenn ich euch sage, was er mir unter dem Siegel der Verschwiegenheit anvertraut hat. Sein Karawanenführer hat berichtet, daß das Land am Jordan in großer Aufregung sei. Theudas habe schon mehr als 400 Mann um sich geschart, er hoffe eine noch viel größere Truppe von Männern zu gewinnen. Auch sei die Karawane an der Furt oberhalb des Toten Meeres in einer Weise von den Zollbeamten untersucht worden, wie nie zuvor. Der Karawanenführer hatte wieder einige Papyrusrollen bei sich. Die wurden ihm weggenommen zu näherer Prüfung, und er mußte über eine Woche warten, bis er sie wiederbekam.

Wir eilten nach Hause, um diese Kunde den Unsrigen zu überbringen. Am nächsten Sabbath waren der Vater und wir fünf Brüder in der Synagoge. Der Vater und Jacobus waren jeden Sabbath dort, Judas hatte sich dem Zwang des

[1] Vgl. Apost. 5, 36.

Vaters, jeden Sabbath in die Synagoge gehen zu müssen, nicht gebeugt, so daß der Vater dann auch uns Jüngeren mehr Freiheit ließ. Aber heute gingen wir alle, denn wir wollten hören, was uns der Rabbi sagen würde.

Nach den Eingangsgebeten ließ dieser sich die Rolle des Daniel von dem Diener geben und verlas folgende Worte des Propheten (Dan. 7, 7, 13):

> „Ich sah in diesem Gesicht des Nachts, und siehe, es kam einer in des Himmels Wolken, wie eines Menschen Sohn, bis zu dem Alten und ward vor denselbigen gebracht. Der gab ihm Gewalt, Ehre und Reich, daß ihm alle Völker und Zungen dienen sollten. Seine Gewalt ist ewig, die nicht vergehet, und sein Königreich hat kein Ende."

Dann gab der Rabbi die Rolle dem Diener und setzte sich.

Er sprach von dem Weltreich der Römer, das Daniel mit dem vierten Tier meine, durch das die Heiligen Gottes verfolgt und unterdrückt würden. Gerade diese Gesichte des Daniel sollten genug vor dem Wahnsinn warnen, daß Tollkühne, wie Judas der Galiläer und jetzt Theudas, die Heiligen durch eine Handvoll Männer befreien wollten. Judas, der Galiläer, sei umgekommen, und Theudas werde es ebenso ergehen. Selbst wenn das ganze Volk der Juden zu den Waffen griffe, würde sein Schicksal dasselbe sein wie einst durch Babylon.

Ausdrücklich weise Daniel in seinem Gesicht darauf hin, daß die Errettung nur vom Höchsten kommen könne, der aus den Wolken des Himmels einen göttlichen Richter und Befreier der Heiligen schicken werde. Dieser sei kein Mensch, wie der Messias, obgleich er die Gestalt eines Menschen haben werde, Gott werde ihm seine eigene Macht verleihen, daß er das Weltreich richten und auf der Erde die Macht des Teufels zerstören werde. Dann werde hier auf Erden das Volk Israel unter seinem Könige, dem

Messias sicher wohnen und alle Völker würden nach Jerusalem kommen, um den Höchsten anzubeten. –

Wie recht der Rabbi mit seiner Warnung gehabt hatte, das erfuhren wir wenige Wochen später: Auch Theudas war mit seinen Mannen von den Römern umzingelt worden, die meisten wurden erschlagen, und nur wenige konnten sich retten. –

Noch lange redeten wir Schüler von diesen Ereignissen, und jeder berichtete, was er von Reisenden gehört hatte. Nikanor wußte, daß Theudas sich als Messias habe ausrufen lassen und sich Christos genannt habe. Ich fragte Philippus, was das Wort Christos bedeute. Er sagte mir, daß es ein griechisches Wort und die Übersetzung von dem Worte ‚Messias' sei. Beide Worte bedeuteten „der Gesalbte", denn seit David würden alle Könige mit dem heiligen Öl vom Altar durch den Hohenpriester gesalbt.

In der nächsten Unterrichtsstunde sprach der Rabbi über die Verheißung, die David von Gott empfangen habe (2. Sam. 7, 12 ff.). Ausdrücklich werde gesagt, daß Gott den Stuhl seines Königreichs bestätigen werde *ewiglich*. Was Gott versprochen habe, das halte er auch. Und Gott habe dies verheißen, obgleich die Könige und auch der Messias, Menschen seien mit menschlichen Fehlern und Schwächen. Aber trotzdem werde Gott nie wieder den Gesalbten verwerfen, wie er Saul verworfen hatte. Gott sagt:

> „Ich will sein Vater sein und er soll mein Sohn sein. Wenn er eine Missetat tut, will ich ihn mit Menschenruten und mit der Menschenkinder Schlägen strafen."

Der Messias werde also auch ein Mensch sein und nicht ein göttliches Wesen, wie der Menschensohn, von dem Daniel geredet habe. Aber erst wenn Gott vom Himmel eingreifen und der Menschensohn in den Wolken des Himmels erscheinen werde, könne die Erlösung kommen. Denn der Menschensohn werde mit einem himmlischen Heere kommen, das mit dem Schall der Posaune und mit Feldgeschrei zum Angriff auf die Dämonen und den Satan vorgehen werde. (1. Thess. 4, 16!!)

Wir sollten aber nicht meinen, wie es viele Juden noch täten, daß das Gericht des Menschensohnes nur über die Heiden ergehen werde. Nachdrücklich hätten die Propheten betont, daß auch Israel selbst gerichtet werde. Die Zahl derer, die das Gesetz in Israel nicht hielten, sei groß, aber Gott wolle in seiner Gnade Israel noch eine letzte Gelegenheit zur Buße geben. So sage der Prophet Maleachi (3, 23):

> „Siehe, ich will euch senden den Propheten Elia, ehe denn da komme der große und schreckliche Tag des Herrn. Der soll das Herz der Väter bekehren zu den Kindern und das Herz der Kinder zu den Vätern, daß ich nicht komme und das Erdreich mit dem Banne schlage." [1]) –

Nach der Stunde brach aus Prochorus sein bisher mühsam verhaltener Zorn. „Glaubt ihr das, was uns der Rabbi da erzählt hat?" so rief er uns zu. „Der Rabbi redet von Gnade und Barmherzigkeit des Gottes Jahve, dessen Namen er nicht auszusprechen wagt aus Furcht, von diesem schrecklichen Gott wegen Mißbrauch seines Namens bestraft zu werden. Kein Gott der Griechen ist so grausam und rachsüchtig wie er. Lest doch den Schluß des Propheten Jesaja (Kap. 63). Da seht ihr, wie dieser Prophet sich seinen Gott vorstellt: wie einen Mann, der in der Weinernte die Kelter tritt. Dieser Gott zertrampelt in seinem

---

[1]) Als die Urgemeinde am Anfang sich nur dadurch von den übrigen Juden unterschied, daß sie glaubte, Jesus sei der im Alten Testament verheißene Messias, und auf diesem Bekenntnis: „Jesus Messias" (oder griechisch: „Jesus Christos") sich als eine jüdisch-messianische Sekte zusammenschloß, wurde jede Stelle im Alten Testament, die nur irgendwie es zuließ, auf Jesus gedeutet, und dann die Verheißung des kommenden Elias auf *Johannes den Täufer* bezogen. Ja, man legte in der kirchlichen Bearbeitung der ersten beiden Evangelien dies Jesus geradezu in den Mund (Mark. 9, 13; Matth. 17, 12). Nur Lucas 9 ist frei von dieser Fälschung.

Zorn die Menschen, so daß ihr Blut hoch emporspritzt und sein Gewand von unten bis oben besudelt wird. Welcher Gott der Griechen ist so blutdürstig wie Jahve? Und was soll das heißen, daß dieser Gott durch den Propheten spricht? Mein Vater sagt, daß durch die jüdischen Propheten der Nationalstolz und die Rachsucht der Juden spricht. Lest doch den Schluß des Psalmes, den die gefangenen Juden an den Wassern zu Babel gedichtet haben (Psalm 137)! Da heißt es: „Wohl dem, der dir, Babel, vergilt, wie du uns getan hast! Wohl dem, der deine kleinen Kinder nimmt und zerschmettert ihren Kopf an einem Stein!" Das ist die Seele der Juden! Und weil sie selbst zu ohnmächtig sind, um blutige Rache an ihren Feinden zu nehmen, so soll ihr Gott eine göttliche Person vom Himmel schicken, den ‚Menschensohn', und das Gericht durchführen. Wie sich das die Juden denken, zeigt die Schilderung im Propheten Jesaja (Kap. 34, 21), die ganze Erde werde voll Leichen liegen, und niemand werde mehr da sein, der die Leichen bestatten könnte.

Wir Griechen wissen, daß es keine Götter gibt, die zu den Menschen reden, geschweige solche langen Reden und Gesetzesvorschriften, wie in der jüdischen Bibel. Wir wissen durch Plato, daß das Göttliche, *das Daimonion*, uns innen, im Gewissen leitet und mahnt, aber nicht von außen, so wie ein Mensch mit dem andern verkehrt."

Dann wandte er sich an mich: „Was sagst du dazu, Jesus?"

Ich war erschrocken, daß er sich an mich wandte, aber zugleich empört über das, was er von den Propheten sagte. Ich antwortete: „Ich liebe die Propheten. Natürlich sagen sie nur das, was ihnen in ihrem eigenen Innern Gott eingibt. Das wissen auch wir, daß es keine Gottheit gibt, die von außen Befehle und Aufträge gibt. Was den Propheten leitet, ist eine unmittelbare Eingebung aus Gott. Du nennst es das Daimonion. Mir sagt das Wort nicht genug. Es ist Gott selbst, der das Geheimnis unserer Seele ist.

Du sagst, die Propheten hätten nur den Nationalstolz und Rassenhaß der Juden verkündet. Es gibt solche Worte, das gebe ich zu. Aber das, was wir an den Propheten lieben, ist doch etwas ganz anderes. Du hast doch innere Ohren zu hören, ob ein Prophetenwort göttliche Musik ist oder nicht. Ich lausche auf die göttliche Musik bei den Propheten. Ich liebe besonders ein Wort des Propheten Jesaja (61, 1 f). Bitte sage mir, ob in diesem Wort etwas von Stolz oder Haß vorhanden ist:

> „Der Geist des Herrn ist über mir, darum daß er mich gesalbet hat. Er hat mich gesandt, den Elenden zu predigen, die zerbrochenen Herzen zu verbinden und zu verkündigen den Gefangenen die Freiheit."

Procherus erwiderte: „Soweit ich mich erinnere, kommen gleich danach die Worte: ‚zu verkündigen einen Tag der Rache unseres Gottes!' Da bricht doch wieder die Vergeltungssucht der Juden hindurch. Was nützen mir da die schönen Worte, die er an seine Leidensgenossen richtet?"

Ich antwortete: „Du hast recht. Das ist unsere Aufgabe, uns selbst von allem Haß zu reinigen."

Alle schwiegen, und wir gingen still auseinander. –

Der Rabbi muß auf irgendeinem Wege wieder etwas von unserem Gespräch erfahren haben.

Er begann die nächste Stunde mit folgenden Worten: „Es gibt manche, die behaupten, der Glaube an ein Gericht Gottes, wie es auch jetzt der Täufer Johannes verkündet, sei nichts weiter als der Wunsch der Juden, daß der Höchste ihren Feinden vergelten werde, was diese ihnen an Leiden zugefügt haben.

Das ist ein Irrtum. Es handelt sich um etwas ganz anderes, was diese Kurzsichtigen nicht sehen, es handelt sich für den Höchsten um die Vollendung seiner Schöpfung.

Ihr wißt aus der Schrift, daß am Anfang Gott Himmel und Erde schuf. Die Erde aber war wüst und leer.

Durch diese Schöpfung ist die Welt in drei Reiche geordnet: Oben über dem festen Gewölbe des Himmels ist das Himmelreich, die Wohnung Gottes und der himmlischen Heerscharen. Hier sind auch die himmlischen Wasser, an denen die Engel wohnen. Denn Gott schied das Wasser in zwei Teile, in das eine Wasser oben auf der Feste des Himmels und in das andere Wasser unter dem Himmelsgewölbe auf der Erde.[1] Die Schleusen des Himmels verhindern, daß das Wasser von oben auf die Erde herabstürzt. Nur bei der Sintflut öffnete Gott die Schleusen, um alles Leben auf der Erde zu ertränken, und verstopfte sie wieder, als die Sintflut vorüber war.[2]

Wir Menschen hier auf der Erde sind in dem zweiten Reich, das sich zwischen Himmel und Hades befindet. Es war zuerst ein Niemandsland, kein Leben war auf ihm, keine Pflanze, kein Tier.

Unter der Erde aber war von Anfang an das Reich der Finsternis, eine unendlich große Höhle ohne Licht, das Reich des Satans. Nun wollte Gott diese Erde als Teil seiner Gottesherrschaft in Besitz nehmen. Darum schuf er Wesen nach seinem Bilde, Menschen, für die er hier auf der Erde Pflanzen und Tiere schuf, daß die Menschen leben sollten.

Aber der Satan vereitelte die Absicht des Höchsten. Als Schlange gelang es ihm, die ersten Menschen zu betören und zum Ungehorsam gegen Gott zu bringen. Dadurch geriet das ganze Menschengeschlecht unter die Herrschaft des Satans, der nun der Fürst dieser Welt wurde.

Voll Zorn vernichtete Gott durch die Sintflut seine eigene Schöpfung; aber er wollte die Menschen nicht ganz vernichten, dann wären keine Wesen mehr auf dieser Erde gewesen, die die Erde für den Höchsten in Besitz nehmen konnten.

---

[1] 1. Mose 1, 7.
[2] 1. Mose 7, 11 und 8, 2.

Ihr kennt die Geschichte von Noah und wie Gott unter den Völkern unser Volk wählte, das Volk Israel, und ihm das Gesetz und die zehn Gebote gab, daß es wandele im Gehorsam gegen Gott. Wir sind das Volk Gottes, das Volk seines Eigentums, dem die endgültige Herrschaft über die ganze Erde unter seinem Messias verheißen ist. Das ist Gottes unerforschlicher Ratschluß und seine Gnade gegen uns, daß er uns vor allen Völkern erwählt hat, daß wir seine Schöpfung vollenden und über diese Erde in seinem Namen herrschen sollen.

Gott aber wartet, bis Israel das Gesetz so weit erfüllt, daß es würdig werde, die Herrschaft über die ganze Erde zu erhalten.

Wenn aber Gottes Stunde gekommen ist, dann wird er, mit der gleichen Rücksichtslosigkeit, wie er einst durch die Sintflut die Völker vernichtet hat, nur Menschen auf der Erde übrig lassen, die ihm gehorsam sind.

Von diesem Tag des Zornes reden alle Propheten.

Wenn dann die Stunde Gottes naht, wird ein ungeheurer Aufruhr durch die Völker der Erde gehen. Ein Volk wird sich gegen das andere empören und ein Königreich gegen das andere erheben, und Erdbeben werden das Kommen des Endes ankündigen. [1] Dann werden Hungersnot und Pestilenz die Völker heimsuchen. Da wird allererst die Not anheben. Denn es werden Tage der Trübsal über die Erde kommen, wie sie nie gewesen sind seit den Tagen der Sintflut und nie wieder kommen werden auf Erden. [2]

Bald aber nach der Trübsal werden Sonne und Mond ihren Schein verlieren, und die Sterne werden vom Himmel fallen, und die Kräfte des Himmels werden sich bewegen. [3] Denn nun greift Gott selbst ein, um die Erde

---

1) Matth. 24, 7.
2) Matth. 24, 21.
3) Matth. 24, 29.

vom Satan zu befreien und sein eigenes Reich auf dieser Erde aufzurichten. Denn eher kann Israel nicht die Erde besitzen, bis nicht der Satan und das Heer der Dämonen und Teufel von dieser Erde vertrieben sind. Das aber kann nur durch ein himmlisches Heer geschehen. Wenn daher, wie Daniel es vorausgesagt hat, der Menschensohn erscheinen wird auf des Himmels Wolken, um nun das Gericht über alle Menschen zu vollziehen [1], dann wird zugleich mit ihm das Heer der Engel mit Posaunenschall und Feldgeschrei vom Himmel herabkommen zum Kampf gegen den Teufel und sein Heer. [2] Dann wird ein Kampf in den Lüften anheben, wie es kein Mensch sich auszudenken vermag. Der Satan wird sogar, wie die Schriftgelehrten gesagt haben, in den Himmel eindringen, in die Wohnung Gottes. Aber dann wird sich ein Heer der Engel unter der Führung des Erzengels Michael auf den Satan und sein Heer stürzen, die Teufel werden auf die Erde herabgestoßen werden, daß sie hier zerschmettert am Boden liegen. Aber der Erzengel Michael wird selbst den Kampf mit dem Teufel aufnehmen, ihn auf die Erde herabstoßen und dann weiter bis in den Hades hinab, und wird den Hades verriegeln, daß dem Satan jeder Zugang zur Erde versperrt ist. [3] Dann erst wird das Gericht über die Menschen ergehen, und Gott wird seinem Volk Israel die Herrschaft über die Erde geben, die nun ganz ihm gehören wird als sein Reich. Er wird jedem der 12 Stämme Israels durch den Messias einen Statthalter geben, daß sie herrschen über die ganze Erde. Und vom Himmel her wird die vollkommene Stadt Jerusalem von den Engeln herabgetragen werden [4], wo dann alle Menschen auf Erden Gott anbeten werden. Das ist die

---

[1] Dan. 7, 13 f.

[2] 1. Thess. 4, 16.

[3] Vgl. Offb. 12, 7; 20, 3 u. 10. Dies ist der biblische Mythos von dem Kampf des Himmelsgottes mit dem Gott der Hölle.

[4] Offb. 21, 10.

Stunde des Sieges. Und alle Engel und Erzengel werden Gott preisen und sagen: „Hallelujah! Denn der allmächtige Gott hat sein Reich eingenommen. Lasset uns freuen und fröhlich sein und ihm die Ehre geben." (Offb. 19, 6)

Dann las uns der Rabbi aus dem Propheten Daniel (Kap. 7) die Worte:

„Ich sah in diesem Gesicht des Nachts, und siehe, es kam einer in des Himmels Wolken wie eines Menschen Sohn bis zu dem Alten und ward vor denselbigen gebracht. Der gab ihm Gewalt, Ehre und Reich, daß ihm alle Völker dienen sollten. Seine Gewalt ist ewig, die nicht vergehet, und sein Königreich hat kein Ende. Aber das Reich, Gewalt und Macht unter dem ganzen Himmel wird dem heiligen Volk des Höchsten gegeben werden, und alle Völker werden ihm dienen und gehorchen." –

Ganz benommen verließen wir den Rabbi. Sobald wir weit genug entfernt waren, fuhr uns Prochorus an und sagte: „Wer von euch hat zu Hause geschwatzt und erzählt, was ich gesagt habe?" Wir beteuerten alle, daß wir mit niemandem von diesen Dingen gesprochen hätten.

Er sah uns spöttisch an und sagte: „Selbstverständlich ist es niemand von euch gewesen! Ich verzichte auf eure Gemeinschaft." Mit diesen Worten verließ er uns.

Wir gingen recht bedrückt auseinander. Philippus begleitete mich und wollte wieder meine Meinung über diese Stunde hören.

Ich schüttelte den Kopf und sagte: „In was für einer merkwürdigen Welt leben diese Rabbiner! Was sind das für Phantastereien! Ich habe dir schon mehr als einmal gesagt, daß die Welt Gottes mit solchen Vorgängen zwischen Himmel und Erde nichts zu tun hat. Das Reich Gottes kommt auch nicht dadurch auf die Erde, daß ein neuer Tempel in einem neuen Jerusalem vom Himmel auf die Erde getragen wird. Die Menschen bleiben doch dieselben, denn keine äußeren Geschehnisse verändern die Menschen, schaffen den neuen Menschen, der nur noch in Gott lebt. Das Reich Gottes kommt nicht von außen, nicht von dem Himmel herab oder von sonst irgendeinem Orte, daß man sagen könnte: Siehe da ist es! Du weißt, was ich dir immer wieder gesagt habe: Die Welt Gottes ist inwendig in uns.[1] Der einzige richtige Gedanke in allen diesen verworrenen Zukunftsträumen ist der, daß jeder Mensch durch ein Gericht hindurch muß."

Philippus sah mich erschrocken an und sagte: „Du glaubst also doch an ein Jüngstes Gericht?"

„Nein, Philippus", antwortete ich, „ich glaube nicht an ein zukünftiges Gericht, sondern an ein gegenwärtiges. Ich glaube an das Gericht des Lichtes über die Finsternis. Wenn wir Gottes Licht in uns hineinscheinen lassen, zerstört dieses alle Finsternis in uns.[2] Denn wo Licht ist, kann es keine Finsternis mehr geben."

Philippus erklärte, das verstände er nicht.

Ich sagte: „Du sitzt doch auch gern des Morgens in der Sonne und läßt dich von ihr bescheinen, bis sie dich ganz durchwärmt hat. Wenn du das tust, mußt du die Augen schließen und denken: Jetzt wende ich mich innerlich der andern Sonne zu, nämlich Gott, und lasse sein Licht in meine Seele scheinen, daß es mich ganz durchwärme und erleuchte. Weiter brauchst du dann gar nichts zu tun, als stille zu halten."[3]

Philippus sagte: „Inwiefern ist denn das ein Gericht?"

Ich antwortete: „Das wirst du merken, wenn du diesem Licht ganz stille hältst. Und dann bete: ‚Herr, zeige mir die

---

[1] Luc. 17, 20.

[2] Vgl. Joh. 3, 19.

[3] Vgl. den Gebetsvers aus dem Liede „Gott ist gegenwärtig": „Du durchdringest alles. Wollst mit deinem Lichte, Herr, berühren mein Gesichte. Wie die zarten Blumen willig sich entfalten und der Sonne stille halten, laß mich so, still und froh, deine Strahlen fassen und dich wirken lassen."

verborgenen Fehle.' [1]) Und plötzlich spürst du, daß dies oder jenes, was du tatest oder sagtest, nicht recht war. Dann mußt du stillehalten und nur sagen: ‚Ja, es war nicht recht. Dein Licht reinige mich.' [2]) Weiter nichts. Nur stillehalten und Gott reinigen lassen."

Philippus sagte nach einer Weile: „Ja, das bete ich in letzter Zeit oft: ‚Verzeihe mir, Gott, die verborgenen Fehle!' "

Ich konnte nicht anders: ich umarmte ihn und küßte ihn.

— — —

Als wir wieder Unterrichtsstunde hatten, sprach der Rabbi über das *Gebet* und sagte, daß in jeder Familie täglich dreimal das Achtzehn-Bitten-Gebet gesprochen werden müsse. Er fragte jeden von uns, ob wir es zu Hause beteten. Nur bei zwei Knaben war es Sitte, es täglich zu sprechen. Philippus verneinte, und ich sagte, daß nur mein Bruder Jacobus es oft zu Tisch spräche.

Der Rabbi sagte, das müsse von jetzt ab bei allen geschehen und wir müßten es lernen. Er wolle es uns jetzt vorsprechen, und wir sollten die Bitten wiederholen, bis wir sie könnten.

Er begann: „Herr unser Gott, Gott unser Vater, großer, mächtiger und furchtbarer Gott, allerhöchster Gott."

Wir sollten die Worte wiederholen, aber ich schwieg. Er fragte mich, warum ich nicht mitspräche. Ich erschrak, aber faßte Mut und sagte: „Ich kann nicht!" Er fragte: „Warum kannst du nicht?" Ich erwiderte: „Ich kann nicht Gott einen furchtbaren oder schrecklichen Gott nennen, wie es nachher im Gebet heißt." Der Rabbi lehnte sich

[1]) Psalm 19, 13.

[2]) Vgl. das Gebet Jesu, das ursprünglich Luc. 11 stand, wo später das Vaterunser eingeschoben wurde: „Dein heiliger Geist komme in uns und reinige uns."

zurück und sah mich groß an. Dann sagte er: „Was weißt du, Knabe, von Gott! Schrecklich ist es, in die Hände des lebendigen Gottes zu fallen." [1])

Ich zuckte bei diesen Worten zusammen. Der Rabbi mußte es bemerkt haben, aber er schwieg. Dann nahm er die Papyrusrolle der Psalmen und sagte: „Wir lesen noch einmal den messianischen Psalm mit verteilten Rollen."

Danach begann er:

„Es ist hier, wie in vielen prophetischen Verheißungen, gesagt, daß der Jüngste Tag bald kommen werde. Es heißt ausdrücklich: „Sein Zorn wird bald entbrennen."

Der Prophet Jesajas hat fest geglaubt, daß der Messias schon zu seiner Zeit geboren sei, daß also nach etwa 20 bis 30 Jahren, sobald er erwachsen wäre, er sein Reich aufrichten würde. Er sagt (Jes. 9) — beachtet wohl das Wörtchen ‚ist' —:

> „Uns *ist* ein Kind geboren, ein Sohn ist uns gegeben, und die Herrschaft ist auf seiner Schulter; und er heißt Wunderbar-Rat, Kraft-Held, Ewig-Vater, Friedefürst. Auf daß seine Herrschaft groß werde und des Friedens kein Ende auf dem Stuhl Davids und in seinem Königreich."

Er glaubt also, daß die Errettung schon da ist und die Macht der Feinde gebrochen ist. Er sieht sie schon auf dem Schlachtfeld in ihrem Blute liegen und beginnt darum seine Rede mit den Worten:

> „Das Volk, das im Finstern wandelt, siehet ein großes Licht, und über die da wohnen in finsterem Lande scheinet es helle. Denn du hast das Joch ihrer Last und die Rute ihrer Schulter und den Stecken ihres Treibers zerbrochen wie zur Zeit Midians. Denn alle Rüstung derer,

---

[1]) Ebräer 10, 31: Dies jüdische Wort steht in einem Briefe, der ausschließlich an Juden (Hebräer) gerichtet war, denen auch als „Christen" nur das Alte Testament Gottes Wort war, aber nicht die Worte Jesu.

die sich mit Ungestüm rüsteten, und die blutigen Kleider werden verbrannt und mit Feuer verzehret werden."
Also Jesaja war damals so fest von dem Siege über die Feinde überzeugt, daß er schon die Vernichtung aller Waffen im Geiste sieht, da alle Feinde des Messias vernichtet sind.

Wie erschütternd ist die Tatsache, daß 20 Jahre später Israel nicht die Herrlichkeit des Messias und seines Reiches erlebte, sondern die Sklaverei der babylonischen Gefangenschaft. Israel wartet seit Jahrhunderten, aber das Ende kommt nicht.

Auch wir haben in dem letzten Jahre geglaubt, daß das Ende käme, als das Zeichen des Menschensohnes am Himmel geschah und der Mond sich verfinsterte.

Ich habe viel darüber nachgedacht, warum Gott uns noch nicht den Messias geschickt hat, um sein Reich hier auf Erden aufzurichten.

Ich bin zu folgendem Schluß gekommen: Wenn der Messias nach dem Gericht über die Heiden sein Reich als der König von Israel aufrichten soll, so frage ich: ist denn unser Volk schon würdig, das heilige Volk des Höchsten zu werden?

Es steht im Gesetz: Du sollst den Feind Israels hassen, denn er ist Gottes Feind. Aber du sollst deinen Volksgenossen lieben wie dich selbst.

Wo ist in unserem Volke diese Liebe?

Darin stimmen wir alle miteinander überein, daß wir die Römer als den Feind unseres Volkes hassen müssen, und viele Jünglinge sind bereit, in diesem Freiheitskampf ihr Leben zu lassen.

Das ist schön und dem Höchsten wohlgefällig. Aber wo sind die Jünglinge, die ebenso bereit sind, dafür sich ganz einzusetzen, daß unser Volk ein heiliges Volk werde, daß es von Gott dem Messias zugeführt werden kann als eine geschmückte Braut?

Ich werde euch jetzt vorlesen, was Gott zu Hesekiel gesagt hat, und zwar gelten seine Worte nicht nur dem Propheten, sondern jedem, der den Messias liebt und sein Reich helfen will aufzurichten. (Hes. 3, 18 ff):

„Wenn ich dem Gottlosen sage: Du mußt des Todes sterben, und du warnest ihn nicht und sagest es ihm nicht, damit sich der Gottlose vor seinem gottlosen Wesen hüte, auf daß er lebendig bleibe: so wird der Gottlose um seiner Sünde willen sterben; aber sein Blut will ich von deiner Hand fordern.

Wo du aber den Gottlosen warnest, und er sich nicht bekehret von seinem gottlosen Wesen und Wege, so wird er um seiner Sünde willen sterben; aber du hast deine Seele errettet."

Er hielt inne und schaute uns an. Dann sagte er: „Nicht wahr, vor diesem Worte erschrickt man, und vor diesem Worte erschrecke ich selber immer wieder. Beachtet wohl die Worte: „aber sein Blut will ich von deiner Hand fordern."

Ich habe nun die Erfahrung gemacht, daß man dem Gottlosen, der die Witwen und Waisen quält und das Gut dem anderen entwendet, nicht die Wahrheit sagen kann. Als ich z. B. dem geizigen Baruch, der hier drei Weinberge besitzt, seinen Geiz vorhielt, daß er nicht einen Bissen Brot den Armen gibt und keinen Nackenden kleidet, da hetzte er die Hunde auf mich, und nur durch schnelle Flucht konnte ich mich retten.

Aber wenn Gott schon selber eingegriffen hat und den Gottlosen um seiner Sünde willen bestraft hat, ihm Unglück, Verlust und Krankheit geschickt hat, dann ist es möglich, den Gottlosen zu retten, daß er seine Sünde erkennt, sein Unrecht wieder gut macht und Gott ein Versöhnungsopfer bringt. Dann wird ihn Gott begnadigen, daß er nicht um seiner Sünde willen sterben muß.

Ist es nicht auch so mit einem Gefangenen? Nur selten

ist es wohl möglich, zu ihm zu gelangen. Aber wer wegen einer Freveltat vor dem Richter steht, der ist wohl auch bereit, in sich zu gehen und seine Sünde zu bereuen, wenn noch ein Gewissen in ihm vorhanden ist.

Also ist das unsere Aufgabe, die Kranken und alle die, die Gott heimgesucht hat, zu besuchen und ihnen zur Erkenntnis ihrer Sünde zu verhelfen.

Wie wir das machen sollen, das zeigt uns das Buch Hiob. Dies Buch ist geschrieben, um uns an den Reden der Freunde des Hiob zu zeigen, wie man mit dem Gottlosen reden muß.

Ihr werdet einwenden und sagen: sie haben doch mit Unrecht Hiob beschuldigt, und Gott hat den Freunden unrecht gegeben und dem Hiob recht. Das ist richtig. Aber hier handelt es sich darum, daß ein ganz Frommer leiden muß, weil Gott seinen Glauben prüfen will.

Solche Fälle finden wir auch, aber sehr selten. Dann sehen wir aber selbst sofort, daß der Leidende ein wirklich Frommer ist, wenn er wie Hiob sagt: ‚Der Herr hat es gegeben, der Herr hat es genommen, der Name des Herrn sei gelobt.'

In solchem Falle ist es natürlich falsch, wie die Freunde des Hiob dem Frommen Vorhaltungen zu machen.

Aber in allen anderen Fällen ist es, nach meiner Erfahrung, richtig, so zu reden, wie es die Freunde des Hiob taten, um den Sünder zur Buße zu rufen, daß er sich bekehre und lebe.

Wir wollen darum jetzt hören, was in seiner letzten Rede Eliphas sagt (Hiob 22, 4 ff):

> „Meinst du, wegen deiner Gottesfurcht strafe dich Gott und gehe mit dir ins Gericht?
>
> Nein, deine Bosheit ist zu groß, und deiner Missetaten ist kein Ende. Du hast etwa deinem Bruder ein Pfand

genommen ohne Ursache; du hast dem Armen die Kleider ausgezogen; du hast die Müden nicht getränkt mit Wasser und hast dem Hungrigen dein Brot versagt; du hast Gewalt im Lande geübt und prächtig darinnen gesessen; die Witwen hast du leer gehn lassen und die Arme der Waisen zerbrochen.

Darum bist du mit Stricken umgeben, und Furcht hat dich plötzlich erschreckt ..."

Der Rabbi machte eine Pause. Dann fuhr er fort:

„Es ist nicht leicht, so zu Kranken zu sprechen, besonders wenn sie arge Schmerzen haben. Aber man muß es lernen, denn Gott sagt, daß wir schuldig werden am Tode des Gottlosen, wenn wir ihn nicht warnen.

Das ist auch der Maßstab, der an jeden angelegt wird im Gericht des Messias, wenn er Israel richten wird, ob der einzelne sich der Not des Bruders angenommen hat, ihn gespeist, getränkt und bekleidet hat.

Es ist ein großer Wahn und eine arge Überheblichkeit zu meinen, daß Gott im Jüngsten Gericht nur die Heiden richten werde. Gott will sich ein heiliges Volk zurichten, das unter dem Messias die Tage einer neuen Erde erleben soll.

Die Auffassung der Pharisäer ist geteilt. Die einen sagen, es werde das Gericht über die Heiden zuerst erfolgen und dann das Gericht über die zwölf Stämme Israels.

Andere sagen, alle Menschen würden nach demselben Maßstab gerichtet werden. Es gäbe z. B. auch unter den Griechen viele, die an keine Götter und Götzen glauben. Auch sie würden nach dem Maßstab ihres Erbarmens mit dem Elend der Mitmenschen gerichtet werden.

Aus den Kreisen der Pharisäer stammt eine Schilderung des Jüngsten Gerichtes, die will ich euch vorlesen. Man weiß nicht, wer sie verfaßt hat, ich selbst vermute, daß es Gamaliel war."

Darauf holte er ein Pergament und las folgende Schilderung:[1])

„Wenn der Menschensohn kommen wird in seiner Herrlichkeit und alle heiligen Engel mit ihm, dann wird er sitzen auf dem Stuhl seiner Herrlichkeit und werden vor ihm alle Völker versammelt sein. Und er wird sie voneinander scheiden, gleich als ein Hirte die Schafe von den Böcken scheidet, und wird die Schafe zu seiner Rechten stellen und die Böcke zur Linken. Da wird dann Gott durch den Menschensohn zu denen zu seiner Rechten sprechen: ‚Kommet her, ihr Gesegneten, ererbet das Reich, das euch bereitet ist von Anbeginn der Welt. Denn ich bin hungrig gewesen, und ihr habt mich gespeiset, ich bin durstig gewesen, und ihr habt mich getränket, ich bin ein Gast gewesen, und ihr habt mich beherbergt, ich bin nackend gewesen, und ihr habt mich bekleidet, ich bin krank gewesen, und ihr habt mich besucht, ich bin gefangen gewesen, und ihr seid zu mir gekommen.'

Dann werden ihm die Gerechten antworten und sagen: ‚Herr, wann haben wir dich hungrig gesehen und haben dich gespeiset, oder durstig, und haben dich getränket? Wann haben wir dich als Gast gesehen und haben dich beherbergt, oder nackend, und haben dich bekleidet? Wann haben wir dich krank oder gefangen gesehen und sind zu dir gekommen?'

Und der Menschensohn wird ihnen antworten: ‚Was

---

[1]) Matth. 25, 31–46.
Alle „Menschensohn"-Worte sind aus den Reden der Pharisäer und der Täufer-Predigt in die Evangelien eingetragen worden. In den älteren Stücken der Evangelien findet sich nicht die Selbstbezeichnung Jesu als „der Menschensohn". Erst später wurde es kirchlicher Stil, Jesus so von sich sprechen zu lassen. Vgl. z. B. den ursprünglichen Bericht Marc. 8, 27: „Wer sagen die Leute, daß i c h sei?" und die kirchliche Bearbeitung dieses Textes in dem Messias-Evangelium Matth. 16, 13: „Wer sagen die Leute, daß *des Menschen Sohn* sei?" Wo das Wort „Menschensohn" steht, spricht immer die Kirche.

ihr getan habt einem unter diesen Geringsten eurer Brüder, das habt ihr Gott getan.'

Dann wird der Menschensohn sagen zu denen zu seiner Linken: ,Gehet weg von mir, ihr Verfluchten, in das ewige Feuer, das bereitet ist dem Teufel und den Dämonen. Denn ich bin hungrig gewesen, und ihr habt mich nicht gespeist, ich bin durstig gewesen, und ihr habt mich nicht getränkt, ich bin ein Gast gewesen, und ihr habt mich nicht beherbergt, ich bin nackend gewesen, und ihr habt mich nicht bekleidet, ich bin krank und gefangen gewesen, und ihr habt mich nicht besucht.'

Dann werden sie ihm auch antworten und sagen: ,Herr, wann haben wir dich hungrig oder durstig gesehen, oder einen Gast, oder nackend, krank oder gefangen und haben dir nicht gedienet?'

Dann wird er ihnen antworten: ,Wahrlich, ich sage euch, was ihr nicht getan habt einem dieser Geringsten, das habt ihr Gott auch nicht getan.'

Und sie werden in die ewige Pein gehen, aber die Gerechten in das ewige Leben."

Nach der Stunde schaute mich Philippus entsetzt an und sagte: „Das könnte ich nicht, das wäre mir unmöglich, daß ich einem Kranken sagte: ,Was hast du für eine Sünde getan, daß dich Gott so bestraft hat!' "

Ich erwiderte: „Da hast du recht, Philippus. Nicht nur einem Kranken gegenüber, sondern auch jedem anderen Menschen gegenüber haben wir nicht das Recht, uns über ihn zu stellen und ihn zu richten. Sofort wird sich der andere erheben und über uns zu Gericht sitzen [1]) oder seine Hunde auf uns hetzen. Nie wird man jemanden auf diesem Wege zu Gott führen, sondern man wird ihm den Weg zu Gott für immer versperren. Wir sollen einander nicht binden, indem unsere Seelen in Haß und Zorn ver-

---

[1]) Matth. 7, 1–2.

strickt werden, sondern sollen einander lösen, daß wir frei werden für Gott." [1])

Ich war selbst so erregt, daß ich nicht weiter sprechen konnte. Philippus fragte: „Wie meinst du das?"

Ich sagte: „Laß mich erst ganz stille werden!"

Ich blieb an einer Stelle stehen, wo man weit in das Land schauen konnte. Dann sagte ich:

„Wenn ich so in das Land schaue, oben meist bei meinem Feigenbaum, dann redet Gott zu mir. Aber Gott redet nicht mit Worten. Worte sind Menschenwerk, Worte verletzen, Worte versperren den Weg zueinander. Wer zu dem anderen reden will, wie Gott redet, der muß ohne Worte reden."

Philippus schaute mich verwundert an und sagte: „Ich verstehe dich nicht. Wie kann man ohne Worte reden?"

Ich sagte: „Siehst du die Sonne dort? Sie redet zu mir ohne Worte, sie scheint in meine Seele und macht sie froh und licht. Nur wenn wir selbst Licht sind, können wir zu dem anderen reden, wie Gott zu uns redet."

Philippus sagte: „Ich verstehe dich immer noch nicht."

Ich erwiderte: „Dann will ich es dir durch ein anderes Bild deutlich machen. Wenn ihr zu Hause geschlachtet habt und Fleisch aufheben wollt, dann redet ihr nicht zu ihm, daß es sich frisch erhalte und nicht verderbe, dann gebt ihr viel Salz auf das Fleisch, daß es ganz und gar davon durchdrungen wird.

Kein Mensch wirkt durch seine Worte, sondern nur durch das, was er in seinem Wesen ist. Das wirkt auf die anderen. Als ich heute zum Unterricht kam – du warst noch nicht da –, standen die anderen um Prochorus, der ihnen leise etwas erzählte. Ich sah an den gierigen, lüsternen Augen der anderen, was er erzählte. Als er mich sah, brach er ab und sagte: ‚Jesus kommt. Ich erzähle es euch

[1]) Matth. 18, 18.

ein andermal.' Habe ich da mit Worten zu ihnen geredet? Nein, und doch habe ich zu ihnen geredet. Verstehst du mich nun?"

Philippus schwieg. Dann sagte er: „Ja, ich verstehe dich. Aber wer kann das, so zu reden ohne Worte wie du?"

Wir gingen eine Weile schweigend weiter. Dann fragte ich Philippus, ob er Zeit habe mit mir auf die Höhe zu gehen. Er freute sich und sagte, er habe mich schon immer bitten wollen, daß er einmal mit mir unter meinem Feigenbaum sitzen dürfe. Aber er habe es nie gewagt.

Als wir auf der Höhe waren, sahen wir gerade noch die letzten Strahlen der untergehenden Sonne.

Wir schauten beide lange in die scheidende Sonne. Dann sagte Philippus: „Hier ist Friede, hier ist etwas, was ich sonst nie so gespürt habe." Dann sah er mich liebevoll an: „Es ist wohl, weil du hier so oft weilst. Ich spüre es geradezu körperlich."

„Spürst du das?" fragte ich. „Ich spüre es auch sofort, wenn ich in ein Haus trete, was für Menschen dort wohnen. Als ich einmal bei unserem verstorbenen Töpfer war, fand ich niemanden im Hause. Aber es war ein solcher Friede in dem Raum, daß ich gern fast eine Stunde wartete, bis der Töpfer kam."

Philippus setzte sich auf meinen Stein, und ich setzte mich neben ihn ins Gras.

Wir schwiegen lange. Dann sagte ich: „Hier ist Gott."

Nach einer Weile antwortete Philippus mit verhaltener Stimme: „Du hast einen anderen Gott als die Juden."

Ich schwieg. Dann entgegnete ich: „Ich weiß es nicht; aber du hast vielleicht recht. Gott ist ihnen so fern, ach so fern. Aber manche Fromme haben ihn auch nahe gefühlt. Du kennst doch die Worte: ‚Und ob ich schon wanderte im finsteren Tal, fürchte ich mich doch nicht, denn du bist bei mir.'"

Ich dachte darüber nach und fuhr fort: „Es ist ja wundervoll zu wissen: Gott ist bei mir. Aber es ist mehr zu wissen: Gott ist in mir. Daß wir eins sind mit Gott,[1]) das erst ist voller Friede und Seligkeit."

Philippus fragte: „Wie meinst du das?"

Ich sann eine Weile nach und strich mit der Hand durch die Gräser. Ich befühlte die Ähren und hatte einige Samenkörner in der Hand. „Sieh", sagte ich, „wenn ich dies Samenkorn in die Erde[2]) senke, dann ist es *in* der Erde. So ist Gott in jedem Menschen . . ."

Philippus unterbrach mich und sagte: „Wie kann das Unendliche in dem Endlichen sein!"

Ich erwiderte: „Philippus, das ist die schönste Antwort, die du mir je gegeben hast. Du bist wirklich mein Schüler geworden.

Du hast sehr recht, niemals kann das Unendliche in dem Endlichen sein, und wer erwartet, daß der unendliche Gott in seinen Körper kommen werde, wird immer vergeblich warten.

Aber, Philippus, der wirkliche Mensch ist nicht der Körper und ist nicht in dem Körper, er ist raumlos wie Gott, also mit ihm.

Doch laß mich dir im Gleichnis das Schicksal Gottes in der Seele des Menschen erzählen.

Ich sagte, daß Gott das Samenkorn sei im Menschen. Aber die Menschenherzen sind verschieden. Viele Herzen sind hart wie Stein, ohne Liebe, ohne Mitleid. Da kann das Samenkorn „Gott" nicht aufgehen. So ist es doch auch im Acker. In steinigem Boden keimt kein Same, und wenn er nach einem Regen doch zu keimen beginnt, so verdorrt er, sobald die heiße Mittagssonne den Boden ausdörrt. So sind die harten Menschen. Wenn sie Freundlichkeit

---

[1]) Vgl. Joh. 17, 20 f.

[2]) Vgl. Matth. 13, 3 ff. Das Gleichnis vom Schicksal Gottes im Menschenherzen. Die Deutung 13, 37 ff. ist als unecht erkannt.

oder Wärme erfahren, so scheint auch in ihnen das Gute zu keimen. Aber sobald sich Trübsal oder Ungemach einstellt, welken die guten Ansätze dahin. Bei anderen sind es die Sorgen des täglichen Lebens, die, wie die Dornen und Disteln im Acker, den Samen nicht wachsen lassen.

Andere wieder lassen Gott zertreten in ihrer Seele. Es genügt der Spott der Gasse, und sie stimmen bald ein in das Gelächter und wollen nicht für „fromm" gehalten werden.

Nur in wenigen Menschen kann Gott tief wurzeln und wachsen und Frucht bringen, in einigen dreißigfältig, in anderen sechzigfältig und in anderen hundertfältig.

Das ist die Geschichte Gottes in den Seelen der Menschen."

Wir schwiegen lange Zeit. Dann sagte Philippus: „Aber wann merkt man denn etwas von Gottes Wachsen in der Seele?"

Ich antwortete: „Woran merkst du das Keimen und Wurzelschlagen eines Samenkorns? Es geschieht im Verborgenen der Erde, und du merkst nichts davon. Wie lange dauert es oft, bis die ersten grünen Spitzen über dem Boden sichtbar werden! Wenn einer feststellen wollte, ob bald die grünen Spitzen sichtbar würden, und er in der Erde nachgraben würde, so würde er nur den Keimling verletzen, ja, vielleicht zerstören.

Es braucht nur Eines: wir müssen unerschütterlich glauben: Gott wächst in mir. Wenn ein Bauer Samen aufs Land gestreut hat, dann kümmert er sich nicht weiter um seinen Acker, er schläft und steht auf, und der Same gehet auf und wächst, ohne daß er es weiß, denn die Erde bringet von sich selbst zuerst das Gras, danach die Ähren, danach den vollen Weizen in den Ähren.[1] Glaube und Geduld, das ist das Geheimnis des inneren Wachsens. Sage dir im-

---

[1] Marc. 4, 26. Das Gleichnis von der selbst wachsenden Saat.

mer wieder: „Gott ist in mir, und Gott wächst in mir, bis er mit allen seinen Wurzeln meine Seele durchdrungen hat."

Philippus schwieg. Dann sagte er schlicht: „Ich danke dir."

Es war ganz dunkel geworden. Philippus erhob sich und sagte: „Ich muß jetzt nach Hause, sonst sorgt sich der Vater. Aber du mußt mich nun auch in meinem Garten besuchen. Da habe ich auch ein Plätzchen gefunden, ganz im Verborgenen, wo ich beten kann. Denn du sagst ja, daß Gott nur im Verborgenen zu finden ist."

Gerne sagte ich zu, daß ich am nächsten Tage gegen Abend kommen würde. –

Zur verabredeten Stunde war ich bei Philippus. Da der Garten zum Teil eingesehen werden konnte, hatte Philippus sich einen Platz hinter dichtem Gebüsch gewählt, wo eine alte Steinbank stand.

Wir gingen durch den Garten, von dem man auch einen schönen Fernblick hatte bis zu den Höhen des Tabor. Im Laufe des Gespräches sagte ich ihm, daß ich eine Bitte hätte. Seitdem ich ihn fragen mußte, was das Wort Christos bedeute, bewege mich der Wunsch, Griechisch zu können. Ich bat ihn, ob er mich nicht diese Sprache lehren könnte. Er war verlegen und sagte, er wüßte nicht, wie er das machen sollte. Ich schlug ihm vor, daß er sich mit mir unterhalte. Er solle zu mir etwas auf griechisch sagen und mir das übersetzen. Dann würde ich diesen Satz lernen und ihm in der aramäischen Sprache antworten. Er müsse dann mir meine Antwort ins Griechische übersetzen, und ich würde dann diesen Satz wieder lernen. Wir könnten es ja einmal so versuchen.

Er war einverstanden, und wir verabredeten, daß ich abends zu ihm in den Garten kommen wollte. Ich schlug den nächsten Tag vor, doch er sagte, da gehe er zu Nikanor.

Philippus erzählte mir dann, daß er schon einmal bei

Nikanor gewesen sei und dessen Vater Theophilos kennen gelernt habe. Dieser besäße eine große Ziegenherde, und er sei gerade dazu gekommen, als Theophilos an mehrere Frauen Milch verkaufte. Da sei auch der geizige Josaphat gekommen, und als er sah, daß zwei von den Frauen, weil sie arm waren, nichts zu bezahlen brauchten, fragte er, ob er die Milch auch umsonst bekommen könne. Theophilos habe geantwortet: „Selbstverständlich, alle armen Leute erhalten bei mir die Milch umsonst." Da hätten alle so gelacht, daß Josaphat sich schleunigst entfernt habe. Die Frauen hätten noch beim Fortgehen gerufen: „Ach, der arme Josaphat!"

Ich mußte auch lachen und fragte dann Philippus, ob es wahr sei, daß Theophilus oftmals teure Handschriften bei seinem Vater kaufe.

Philippus bejahte und sagte, er habe sich sogar die ganz teuern Übersetzungen mehrerer Upanischaden ins Griechische beschafft und dafür einige Ziegen verkaufen müssen.

Ich fragte ihn, was das für Schriften seien, worauf er erwiderte, das seien heilige Schriften der Inder, im Sanskrit geschrieben. Diese Sprache sei so schwer, daß man nur selten eine Übersetzung davon ins Griechische erhalten könne.

Philippus erzählte mir auf meine Frage hin, ob er wisse, was in diesen Schriften stehe, daß sein Vater ihm einmal einige Sätze daraus vorgelesen habe. Er habe aber nur wenig davon verstanden, doch sei ihm etwa dieses im Gedächtnis geblieben: Gott sei mit dem Meer verglichen worden, in das alle Ströme mündeten und aufhörten, Ströme zu sein. Ebenso würden alle menschlichen Seelen nach ihrem Tod in das göttliche Meer, Brahman genannt, münden.[1])

---

[1]) „Brahmanas und Upanischaden". Verlag Eugen Diederichs, Jena 1921, S. 139. „Wie die dahinfließenden Ströme im Meere

Philippus habe noch mehr von diesen Lehren wissen wollen, doch sein Vater habe gemeint, er sei noch zu jung dazu. Später würde er gern diese Schriften mit ihm lesen.

Ich horchte auf. Was war das für eine neue Welt, die sich vor mir auftat? Ich sagte zu Philippus: „Das Wort gefällt mir. Ich denke manchmal, wenn ich bete und alles um mich vergesse, wenn ich gleichsam in Gott untertauche und in ihm versinke: Du bist das Meer, in Dir möchte ich ertrinken."

Ich erschrak, als mir dieses entschlüpft war; Philippus blickte mich so staunend und verehrend an, daß es mich noch mehr verwirrte. Rasch fragte ich: „Ob uns wohl Theophilos etwas aus diesen Schriften vorlesen würde?"

Philippus antwortete: „Du wirst nicht viel davon verstehen, ich glaube mein Vater hat recht, wir sind noch zu jung; aber wir können Theophilos ja fragen, ich wollte ohnehin zu Nikanor gehen."

Wir machten uns sofort auf den Weg, und ich freute mich darauf, Nikanors Vater kennen zu lernen.

Als ich ihn sah, war ich betroffen: Der Lichtschein, der ihn umgab, war noch schöner und leuchtender, als es der meines lieben verstorbenen Töpfers Phidias gewesen war, Auch aus seinen Augen strahlte ein feines unirdisches Licht, wie ich es noch bei keinem Menschen gesehen hatte.

Theophilos sah mich lange an und seine Augen wurden ganz von Licht erfüllt. Endlich sagte er: „Ich sah noch keinen Knaben von so hellem Licht umhüllt, wie Du es bist."

Nikanor meinte erklärend: „Mein Vater sieht bei allen Menschen Farben, die sie umgeben. Ich kann das nicht sehen."

Philippus brachte unser Anliegen vor.

---

untergehen und ihre Individualität verlieren, so wird der Kundige von seiner Individualität erlöst und geht in den himmlischen Purusa ein, der höher ist, als das Höchste. Der, welcher das höchste Brahman kennt, wird selbst zu Brahman."

Theophilos fragte mich, ob ich der Sohn des Baumeisters Joseph und Jacobus mein Bruder sei und ob ich glaube, daß mein Vater einverstanden sei, wenn er uns aus den indischen Schriften vorlese.

Ich erschrak und mußte sagen, daß ich es nicht wisse.

Da sagte Theophilos: „So geht erst hin und fragt Eure Väter, ob sie einverstanden sind, dann will ich es gerne tun."

Wir verabschiedeten uns ganz bestürzt, wir hatten das bedrückende Gefühl, etwas Falsches getan zu haben.

Als ich am Abend vor den Brüdern von unserem Besuch erzählte und meine Bitte vorbrachte, entstand eine große Erregung. Jacobus erklärte: „Dieser Theophilos ist ein Abtrünniger, denn er lehnt den Opferdienst im Tempel ab, den Gott durch Moses dem Volke befohlen hat."

Ich wagte es und wies auf die Propheten hin, die gegen die Opfer geeifert hätten. Jacobus erwiderte: „Sie eiferten gegen die Oberflächlichkeit und den Lippendienst. Darum redeten sie von einem „Geplärr der Lieder". Aber durch Esra und Nehemia ist nach der Gefangenschaft auf die Weisung Gottes der Tempel neu errichtet und der Opferdienst nach dem Gesetz des Moses wieder eingeführt worden. Wer sich von dem Tempel lossagt, wie es auch die Samariter tun, der zerbricht die Einheit des Volkes und ist ein Abtrünniger. Und das ist Gott ein Greuel."

Darauf sagte der Vater: „Ich will nicht, daß du eigene Wege gehst und Theophilos besuchst. Er ist mir unheimlich, er hält sich zurück, als wäre er etwas Besseres als wir."

Da sagte Judas zu mir: „Du glaubst wohl auch etwas Besseres zu sein als wir? Nicht umsonst haben wir dich ‚Joseph, den Träumer' genannt. Wenn wir abends über das sprechen, was uns bewegt, gehst du zu deinem Feigenbaum, um zu träumen. Es ist dir ganz gleichgültig, was uns beschäftigt. Weißt du überhaupt, daß ich heiraten will?"

Ich fragte, warum er denn heiraten wolle. Die Brüder lachten.

Judas antwortete: „Das wirst du später verstehen lernen. Ich will die Susanne heiraten. Ich glaube, du kennst sie gar nicht. Ich bin mit ihrem Vater, dem Joas im oberen Nazareth schon einig. Aber er verlangt, daß wir erst für mich und Susanne ein Haus bauen. Er will nicht, daß wir bei ihm wohnen."

Ich sagte: „Das können wir ja tun. Ich helfe gerne mit."

Judas fuhr fort: „Ja, aber die drei Brüder der Susanne verlangen jeder für sich ein Obergewand zur Hochzeit. Das wird dem Vater sehr kostspielig."

Jetzt fuhr der Vater fort: „Auch Simon will heiraten. Er ist schon mit dem Usia einig, und dieser will ihm seine Tochter Judith geben. Aber er verlangt 30 Schafe und für sich und die ganze Familie hochzeitliche Gewänder, also auch für die Frau, für seine beiden Schwestern und für den Bruder. Ich kann nicht zwei Frauen auf einmal bezahlen. Simon muß mindestens ein Jahr warten."

Ich blieb diesen Abend bei ihnen, bis sie sich zur Ruhe legten. Dann schlich ich mich fort zu meinem Feigenbaum. Eine merkwürdige Traurigkeit hatte mich befallen: so einsam hatte ich mich noch nie gefühlt. Ich schaute zurück und sah die Umrisse unseres Hauses. Es schien mir so fremd, daß mich fröstelte. Langsam stieg ich aufwärts. Noch nie war ich so mühsam hinaufgegangen. Ich blieb wieder stehen und schaute in die schwach erhellte Nacht. „Wer ist mein Vater, und wer sind meine Brüder?"[1], so ging es mir durch den Sinn.

Als ich oben war, legte ich mich ins Gras auf den Boden und schaute zu den zwischen Wolken sichtbaren Sternen empor. Aber die Traurigkeit wich nicht von mir. Ich fühlte,

---

[1] Vgl. Matth. 12, 48: Wer ist meine Mutter und wer sind meine Brüder?

daß etwas in mir starb. [1]) Da kam mir das Wort in den Sinn, das Gott einst zu Abraham gesagt hatte: „Gehe aus deinem Vaterlande und aus deiner Freundschaft und aus deines Vaters Hause." Ich breitete die Arme nach beiden Seiten und legte die Füße übereinander. Ich hatte nicht gedacht, daß ich noch so stark an meinem Vaterhause hing. Aber ich spürte auch, daß ich allem sterben mußte.

Ich gab mich Gott hin und erlitt ganz das Sterben. Ich wollte sterben, ganz bis zu Ende sterben und nichts mehr für mich behalten.

Lange lag ich so auf dem Boden, bis es mich fröstelte. Jetzt erwachte doch der Wunsch, in die Geborgenheit des Vaterhauses zu kommen und ich stand auf. Die Wolken hatten sich verzogen, und ich sah jetzt den leuchtenden Sternenhimmel. Die fast an Schwermut grenzende Traurigkeit war gewichen, und ich war innerlich still geworden. Demütig ging ich hinab zu unserer Wohnung in den Schlafraum, nahm meine Matte, die an der Wand zusammengerollt stand und legte mich neben die Brüder, die fest schliefen. Bald schlief auch ich.

Als ich erwachte, waren die Brüder und der Vater schon fort. Ich weiß nicht, wie es geschah: ich stand plötzlich in einem Licht, das mich zurücktaumeln machte, als ich mich aufrichten wollte. Ich wußte, das Licht war in mir, und doch sah ich zugleich ein Licht, das den ganzen Raum erfüllte. Es schien von oben herabzukommen. Unendlich viele leuchtende Kreise strahlten ein überirdisches Licht aus. Ich gab mich ganz diesem Anblick hin und hatte das Gefühl, als wenn mein Körper sich auflöste und sich über mein Lager erhöbe. Ich erkannte, daß ich selbst und alle Gegenstände um mich herum gewoben waren aus Lichtstrahlen. Ich sah und fühlte den Lebensstrom, der durch

[1]) Luc. 14, 26: „So jemand zu mir kommt und hasset nicht seinen Vater, Mutter, Weib, Kinder, Brüder, Schwestern und dazu sein eigen Leben, der kann nicht mein Jünger sein."

mich und durch alle Dinge floß. Ich hatte nur eine Sehnsucht, mich ganz in diesem Lichte aufzulösen.

Allmählich löste sich das Licht an der Decke in einen Lichtregen auf, das Licht oben wurde blasser und blasser, und ich fühlte, wie ich selbst wieder auf mein Lager herniedersank.[1]

Das Licht war verschwunden, aber mich selbst erfüllte ein solches Glück, daß ich nur stille halten konnte.

Ich muß lange noch gelegen haben, denn die Mutter kam besorgt herein, um nach mir zu sehen.

Ich richtete mich auf und sah die Mutter an. Ich fühlte selbst, daß ein unirdisches Licht aus meinen Augen leuchtete. Die Mutter schrak fast zurück und sagte: „Du hast ja das Antlitz eines Engels."

„Mutter", sagte ich, „ich habe Gott als Licht erlebt, und jetzt weiß ich auch, wer meine Brüder und Schwestern sind: die Gott als Licht erlebt haben, die sind meine Brüder und meine Schwestern."

— — —

[1] Vgl. das Erlebnis von Paramhansa Yogananda Autobiographie, S. 284, 286, 288.

ERGÄNZENDE LITERATUR

Maria Schneider: APOLLONIUS VON TYANA –
Der Wanderer durch den Sternkreis
3. Auflage, 480 Seiten, 15.–18. Tausend
Leben und Werk eines Eingeweihten

Aus dem Dunkel der Sage taucht er auf, durchwandert die Kraftfelder der 12 Häuser des Sternkreises und wird im Geheimnis eines verborgenen Sterbens wieder heimgeholt in den Atem des Weltgeistes, als dessen Bote er zu den Menschen seines Zeitalters gekommen war.

Von den Kräften der heilenden – goldenen Mitte zu sprechen, ist das tiefe Anliegen dieses formal und sachlich erstaunlich gekonnten Werkes. Die Mysterienkulte Kleinasiens, Ägyptens, Indiens, Griechenlands und Roms sind wohl kaum zuvor so lebendig und zugleich quellengeschichtlich einwandfrei exakt geschildert worden.

Baird Spalding: LEBEN UND LEHREN DER MEISTER IM FERNEN OSTEN

Band I–III: Bericht eines Eingeweihten über das Wunderwirken des Avatars
3. Auflage, 416 Seiten, Großformat, Ganzleinen

Band IV: Unterweisungen, indische Reisebriefe
4. Auflage, 236 Seiten, Großformat, Ganzleinen

Band V: Menschen, die mit den Meistern gingen
5. Auflage, 132 Seiten, Großformat, Ganzleinen

Die Erforschung der inneren Welt indischer Meister war Spalding zur ersten Aufgabe geworden. Er lernte sie kennen, die ihm den Einblick in eine schrankenlose allumfassende Vergeistigung boten. Und alles, was er erkennt, was er in unbändigem Forscherdrang erfaßt, breitet er einfühlend vor dem Leser aus.

Das Wunderwirken des Avatars ist eine tief ergreifende Botschaft an die gesamte Menschheit: „Wer nicht mehr glauben konnte, an was es auch immer sei: Hier erfaßt er den Glauben, der Berge versetzt! Wer diese Bücher besitzt, hat einen Schatz erworben, der niemals versiegt . . .“